W0076836

2,5 €

Kum rin
und kür die ut,
Go rut
und haul die Snut.

Fla

©   Verlag Zabert Sandmann
GmbH, München
3. Auflage 1995
ISBN 3–924678–27–8

Konzept, grafische Gestaltung und Realisation	Peter Flachmann
Layout	Gesine Flachmann
Redaktionelle Mitarbeit	Bettina C. Schlicht
· Fotografie	Alexander Haselhoff (Titelfoto und Reportage) Mads Madsen (Food) Friedrich Schäffer (1891 - 1976): (Vorsatzmotiv: Herdwinkel bei Tischler Tödtmann, 1920. Nachsatzmotiv: Bäuerin am Webstuhl, 1925)
Foodstyling	Michael Kuper
Rezepte	Clemens Averbeck Bernhard Büdel Ernst-Heiner Hüser Heinz Poppenborg
Kochstudio	The Food Professionals Sprockhövel (Rezepte der Seiten 128, 134, 135, 157)
Lithografie	Kruse Reproduktionen, Vreden
Satz	Typografika, Bielefeld
Druck	Bentrup Druck, Bielefeld
Bindung	Industriebuchbinderei Bielefeld

Wir danken für die Unterstützung
den Herren Harald Peters und Fritz Köhne,
geschäftsführende Gesellschafter
der Firma J. F. Marten GmbH, Gütersloh

WESTFALEN
mit Leib und Seele

Mit Texten von Werner Höcker, Peter Lempert,
Manfred Erdenberger und Dieter Thoma.
Fotos von Alexander Haselhoff
und Mads Madsen.

ZABERT
SANDMANN

Der Inhalt

Vorwort

st es notwendig, ein neues Buch über Westfalen
herauszugeben? Gibt es nicht wahrlich ausreichend
Literatur, Dokumente und Fotobände über diese
egion? Fragen, die sich Verleger, Fotograf und Autor
mer wieder gestellt haben.

Es gab für ein neues Buch viele gute Gründe. Einerseits
t Westfalen natürlich mit dem Begriff Heimat zu tun, der ja
st politisch mißbraucht wurde, dann lange verfemt war und
ute mehr und mehr an Faszination gewinnt. Andererseits
eht er für einen emotionalen Protest gegen die Kälte der
dustriegesellschaft und signalisiert das Bedürfnis nach
ärme und Geborgenheit. Er gilt auch als unbewußte Reak-
n auf den politischen und wirtschaftlichen Zentralismus.
Wir wollen mit unserem Buch und seinen ausdrucks-
arken Fotos die westfälische Nahwelt erlebbar machen
d haben auch den Menschen mit seiner Seele, seinen Pro-
emen und seiner Lebensfreude in den Mittelpunkt
stellt.

Uns ging es darum, Schätze der Region zu heben, ohne
bei in einen billigen Provinzialismus zu verfallen.

»Westfalen — mit Leib und Seele« — das bedeutet Vielfalt
wirtschaftlicher, kultureller, politischer, aber auch konfes-
neller Hinsicht. So mußten wir ein vielseitiges Bild zeich-
n, in dem sich Geschichte und Gegenwart, Natur und
ensch, Religion und Kunst dieses einzigartigen Westfalens in
drücklicher Weise begegnen. Über die Texte hinaus ver-
itteln die Fotos von Alexander Haselhoff eine bildhafte
rstellung von Natur, Landschaft, Menschen, Brauchtum
d Kunst in Westfalen. Sie geben zugleich Zeugnis von
r Lebendigkeit der Tradition und von der auf Zukunft
ientierten Kraft der Gegenwart Westfalens.

Westfalen — eine Landschaft, die viele Widersprüche
sich birgt. Die Kontraste sind stark. Jahrhundertealte
tten schmieden die Landschaft an ihre Vergangenheit,
er in ihren Städten hat die moderne Industriegesell-
haft Einzug gehalten. Niemand kann sich der Faszination
tziehen, die die westfälische Landschaft mit ihren
enschen ausstrahlt. »Westfalen« ist ein Wort, das immer
ieder Vielfalt ausspricht. Sauerländer, ob märkisch oder
urkölnisch, Siegerländer, Wittgensteiner, die Menschen
Revier, Münsterländer oder die Ostwestfalen und
pper, sie lassen sich nicht über einen Kamm scheren. Das
t schon fast nicht mehr Vielfalt, sondern Gegensätzlich-
eit. Aber die Menschen in »Westfalen« haben den Weg
er Toleranz gewählt. Toleranz gegeneinander, das ist in
estfalen zur Gewohnheit geworden.

Werner Höcker

Du stilles Land, um das die Weite schwingt   Wie süß die Lerche deiner Ebenen singt!

Mit grenzenlosen grünen Wiesensäumen,

Ein Bauernhof liegt unter Eichenbäumen;
Er wuchs und wurzelt wohl schon tausend Jahre,

Vom Dache strähnt das Moos wie Greisenhaare.
Maria Kahle, 1891 - 1975

Manfred Erdenberger

Westfalen
An- und Bemerkungen

„Ich habe sie immer so lieb gehabt,
die lieben guten Westfalen…"
Heinrich Heine

Wohl dem, der eine westfälische Großmutter hat!
Er ist nämlich für alle Wechselfälle des Lebens
gewappnet — nicht nur für die westfälischen…
»Da kriegst Du noch genaueren Bescheid drüber…« hätte
sie augenzwinkernd erwidert — könnte sie diese Zeilen
noch lesen. Als sie 1976 mit 82 Jahren viel zu früh starb,
hinterließ sie mir im wesentlichen eine Fülle westfälischer
Weisheiten, an die ich mich immer wieder gern erinnere:
praktische Lebenshilfen, aus dem Leben, für das Leben…
Und da sie damit nicht allein steht: von Menschen für
Menschen, die seit ewigen Zeiten als schwerblütig und
kantig, wortkarg und humorlos, dickköpfig und stur diffamiert werden.

In seiner Liebeserklärung für die »lieben guten Westfalen« setzt Heinrich Heine den Menschen ein Denkmal,
die zwischen Wallhecken und Wasserburgen, Heide und
Hof, Scheune und Scholle leben — heimatverbunden und
weltoffen, letzteres mit der gesunden Skepsis, die über-
lebenswichtig ist, frei nach dem westfälischen und von
Großmutter oft zitierten Grundsatz:
»Wat de Buer nich kennt, dat frett he nich…«

Apropos Scholle, auf der neben dem Korn auch die
Kartoffel wächst. Immer wenn es Herbst wurde, ging 's zur
Aufbesserung des Taschengeldes zum Bauern: Kartoffeln
lesen (besser: suchen), eine Arbeit, die meine eingangs
zitierte Großmutter gern jenen zuwies, »…die die
Kartoffeln gepflanzt haben — die wissen wenigstens, wo
sie liegen!«

Womit wir nahtlos an die reichhaltige, westfälische Speisekarte anknüpfen können: Reibekuchen mit Rübenkraut und/
oder »Äppelkompott« (hochdeutsch: Apfelmus), Pumpernickel mit und ohne Schinken (Großvater: »…Knochenschin-
ken, mit dem Messer, nicht mit der Maschine geschnitten!«),
Grünkohl (Oma 's Empfehlung »…nach dem ersten Frost!«)
mit Mettendchen usw. Im Jahresreigen der speziellen Gerichte
war »unser Omma« mindestens zweimal zuständig: Weihnachten für die selbstgemachten Klöße (aus richtigen
Kartoffeln!) und Sylvester für den Heringssalat (Rote Bete
und andere Zutaten von Hand geschnippelt!).

Und dann darf natürlich das Töttchen nicht fehlen,
jenes westfälische Leib- und Magengericht, das auf jeder
heimischen Speisekarte einen hervorragenden Platz
einnimmt, und das Eingeborene wie Zugereiste gleichermaßen immer wieder ins Grübeln bringt: eine Mixtur wie
Münster — beide voller Merkwürdigkeiten.

Münster — also ein Wort eines Westfalen über seine
Hauptstadt: der spätere Papst Alexander VII. (»Sechs Jahre
sind es nun, daß ich hier bin, und ich sehe Dich nicht anders
als triefend im ständigen Regen«, 1648, im Jahr des westfälischen Friedens) und Marschall »Vorwärts« Blücher
(»Münster und die Münsteraner gefallen mich nicht!«)
gehörten sicher nicht zu den Fans, Befürworter dagegen
waren Ricarda Huch (»Von allen Städten Westfalens ist
Münster die Vornehmste, ja in ganz Deutschland gibt es
keine, die ihr gleichkommt«) und der erste Bundesprä-
sident »Papa« Theodor Heuss (»Wenn ich in einer schönen
Stadt war, habe ich immer gesagt, sie sei die zweitschönste
in Deutschland…Damit provozierte ich die Frage, welche
denn die schönste sei. Und dann habe ich gesagt: Münster.«
19.9.1953 im Goldenen Buch der Stadt.) Und was die
vielbeschworene »Feuchtigkeit« angeht — (»…entweder
es regnet oder die Glocken läuten. Und wenn beides zu-
sammenfällt, ist Sonntag!«) so ist es in ganz Westfalen, das
manche die »Heimat des Regens« nennen. Was niemand
wundern darf, denn schließlich wird nirgendwo das alte
Kirchenlied so inbrünstig und regelmäßig gesungen:
»Oh Heiland, reiß die Himmel auf…«.

»Friaett di satt und sup di dick« — oder wie Großmutter
nach einem guten Mahl zu seufzen pflegte: »Ich könnte
heulen, daß ich schon satt bin…« ist ein Teil der Lebens-
philosophie der Westfalen. So ist es sicher nicht überraschend, daß ich einen Teil meiner westfälischen Erinnerungen an Traditionsgaststätten und Tennen, Doppelkopp
und Doppelkorn, Altbierbowle und anderen Spezialitäten
zwischen Höfen und Herdfeuern festmache.

Unser westfälisches Annettchen, die große Heimatdich-
terin Annette von Droste-Hülshoff, bei Münster geboren
und am Bodensee gestorben, glaubte schon zu Lebzeiten
an einen »Himmel für Münsterländer«, den man tatsächlich
zwischen Wallhecken und Eichen, zwischen Wasserburgen
und Schlössern, zwischen Fachwerkhäusern und Bauern-
höfen schon auf Erden erleben kann. Wer wie Annette
aus Westfalen in die weite Welt verschlagen wurde, kann

nachfühlen, mit welchen Ge-
fühlen sie »ihr kleines Land
im Abendgewand« betrach-
tet und unter »unstillbarem
Heimweh nach Münster und
dem Münsterland« leidet ...

Womit wir wieder beim
Menschlichen, allzu mensch-
lichen und bei Heinrich
Heine wären, der von den
Westfalen sagt:

» ... Sie fechten gut, sie
trinken gut,
Und wenn sie die Hand Dir
reichen
zum Freundschaftsbündnis,
dann weinen sie:
sind sentimentale Eichen«.

Aber dabei durchaus
selbstbewußt und clever, wie
sich im Kindermund beweist.
»Wer Lust hat zu teilen, hat
Lust zu betrügen«, warnte
meine Großmutter gern.
Doch als später ihre Enkel-
kinder vor dem Zwang zu
teilen standen, geschah das
nicht wie listig vorgeschlagen
»brüderlich«, sondern nach
westfälischem Original-Ton:

» ... nix brüderlich; jeder
die Hälfte!« »Rechtzeitiges
Kommen sichert guten
Platz«, gehörte zu Omas
Ratschlägen in allen Lebens-
lagen, und mit zwei Welt-
kriegen konfrontiert, schrieb
sie ihrem einzigen Sohn an
die Front: »Hinten sind die
besten Kino-Plätze — vorne
flimmert's!«

Zum echten Freund-
schaftsbündnis der Westfa-
len gehört traditionell »eenen ut dem Liepel« (plattdeutsch
für: » ... einen vom Löffel«).

Der klare Schnaps, möglichst ein Weizenkorn, gut ge-
kühlt und vom Zinnlöffel serviert, besiegelt nach altem
Brauch die neue Freundschaft. Später kommt dann ein »Auf-

»Hubertusjagd« im Herbst – nicht nur zur Freude von Reitern, Pferden und Hunden, sondern au

gesetzter« hinzu: Beeren mit Schnaps, gut durchgezogen,
den Großmutter im Kasten für den Stromzähler aufbe-
wahrte und als Dankeschön Handwerkern wie Postboten
(so etwas gab es damals noch!), unerwarteten Gästen und
eiligen Verwandten aus gläsernen »Pinnchen« anbot.

aktion für viele Zuschauer.

weiblichen Variante des westfälischen Wappentieres, obwohl meine Klassenkameraden aus der damaligen Volksschule beim männlichen Pferd konsequenterweise vom »Stutenkerl« sprachen!).

Mit in der erwähnten Kiepe, Leinen und andere Dinge aus heimischer, sprich: »höfischer« Produktion, die der Kiepenkerl unterwegs verkaufte. Sehnsüchtig erwartet wurde der Wanderer im blauen Kittel mit der schwarzen Kappe und dem roten Halstuch, mit dem festen Schuhwerk und dem dicken, gedrehten Wanderstock nicht nur wegen seiner Waren, sondern auch wegen der Nachrichten, die er von Haus zu Haus und von Hof zu Hof trug. Er war Tagesschau und Tageszeitung zugleich...

So ersparte er manchem Bauern den Weg in die Stadt, wo der sich, durch Erfahrung klug! — als »dummer Buer« ohnehin oft über's Ohr gehauen fühlte. In Wahrheit war es jedoch andersrum: nicht nur in den harten Kriegs- und Nachkriegsjahren, als die »Städter« über Land und »hamstern« gingen und ihr letztes Hab und Gut gegen Eier und Speck

Neben einem solchen oder einem »klaren« Fläschchen fand sich in der geflochtenen Kiepe der gleichnamigen »Kerls« (daher: Kiepenkerl) auch der zitierte Schinken, die eine oder andere Wurst, der berühmte schwarze Pumpernickel und der weiße Stuten (nicht zu verwechseln mit der tauschten, bewiesen die Landbewohner (neben ihrer Hilfsbereitschaft) auch ihre sprichwörtliche Bauernschläue. So kamen dann auch (Omas Zitat) » ... die dümmsten Bauern« zu den »dicksten Kartoffeln«.

Nix för ungut, leiwe Luet — gut goahn!

Schutz bewachen alsden sowird alhier kein Unglück treffen ein vielmehr wird dieses Haus

Johann Diederich Wilhelm Kollmeyer und
Catharina Schulten haben dieses Haus mit
20ten Juny 1822 durch

Zu den schönsten und eindrucksvollsten Bauernhäusern in Deutschland gehören die Gehöfte in Westfalen. Sie präsentieren sich

Landschaften Westfalens in vielfältiger Bauweise. Sie sind häufig Inbegriff der Landschaft und ihres selbstbewußten Bauerntums.

Werner Höcker

Landschaften, Menschen und ihre Eigenarten

Die Literatur über Westfalen füllt Bibliotheken. West-fälische Geschichte von den Tagen des Anfangs, als das Gebiet des heutigen Westfalens noch unter einem Meer lag, über die sächsische Provinz im 12. Jahrhundert, die westfälischen Territorien vom 13. bis zum 18. Jahrhundert, das napoleonische Königreich, die preussische Provinz bis hin zum Jahre 1946, in dem Westfalen und die nördliche Rheinprovinz zum Land Nordrhein-Westfalen verbunden wurden — diese historischen Abschnitte sind in dicken Büchern behandelt worden.

Westfälische Vielfalt

Wie aber stellt sich Westfalen — und Lippe muß dabei ebenfalls gesehen werden — heute dar? Sicher wird Westfalen-Lippe heute als Ganzes in einer Verwaltungseinheit, dem Landschaftsverband Westfalen-Lippe repräsentiert. Dennoch ist Westfalen ein Wort, das immer wieder Vielfalt ausspricht. Vielfalt, die sich in der Landschaft und den Menschen spiegelt: Kur-kölnisches und Märkisches Sauerland, Ruhrgebiet, Münsterland, Minden-Ravensberg, Hochstift Paderborn und heute auch Lippe. Unterschiedliche Landschaften, verschiedene Dialekte, nicht nur im Plattdeutschen, auch stark ausgeprägte konfessionelle Regionen. Es ist schon fast nicht mehr Vielfalt, sondern Gegensätzlichkeit. Aber die Westfalen wählten den Weg der Toleranz. Toleranz gegen-einander ist Gewohnheit geworden in Westfalen.

Die Städte und Dörfer Westfalens haben verschiedene Gesichter. Keines ist wie das andere. Lüdenscheid ist nicht Espelkamp, obwohl in beiden der Heimatgedanke starke Wurzeln besitzt, dort der alte, hier der neue. Dortmund ist nicht Bochum und schon gar nicht Gelsenkirchen, obwohl alle drei auf der Kohle liegen. Münster ist überhaupt nicht vergleichbar, auch nicht mit Paderborn. Und etwa Siegen hat keine stadtcharakterlichen Geschwister. Das alles ist Westfalen, das mit seinen früher weit nach Norden und Westen vorgeschobenen Grenzen zwar nie eine selb-ständig-politische Einheit war, wohl aber bis heute eine eigenständige geistige Landschaft geblieben ist.

Westfalen sind Leute, die aus der Fülle leben. Westfalen ist ein Land, das eine Fülle bietet: sich scheinbar Widerspre-chendes und sich tatsächlich Ergänzendes. Eines jener berühmten und liebenswerten Originale, die aus dem Kreis der Westfalenleute und aus der Kraft des Westfalenlandes hervorgingen, Fred Endrikat, hat Geheimnis und Zauber, Wesen und Wirkung seines Landes und seiner Landsleute einmal in einem ebenso herzhaften wie handfesten Gruß beim Namen genannt:

Dort sagt man zart und mit Gefühl:
»Du gottverdammter Dunnerkiel!«
Wie klingt es lieb und gar nicht grob:
»Eck hau di ain förn Piepenkopp!«
Wie höflich sagt man dort auf Platt:
»Du Dusseldier, eck driet di wat!«
Ja, diese Sprachmelodien,
die sind bestimmt kein Charme aus Wien,
die sind geformt aus Stahl und Erz,
sie haben Blut und haben Herz!
O selig, wessen Arm umspannt
'nen Schinken aus Westfalenland!

Sicher ist den Menschen in allen westfälischen Regionen eine gewisse Sturheit oder Dickköpfigkeit nicht abzusprechen. Davon zeugen zahllose Berichte: Ein westfälischer Bauer, der seinen Hof noch mit einem Ochsengespann bewirtschaftete, sollte als Zeuge vernommen werden. Im Lokaltermin stellte der Richter ihm Fragen mit der Absicht, ihn in Widersprüche zu verwickeln. Der Bauer merkte dies, und so fielen seine Antworten immer sehr kurz und knapp aus. Der Richter wurde ungeduldig: »Sie sind aber ein sturer Bauer«. Darauf die Antwort: »Das kommt vom Umgang mit den Ochsen«.

Westfalen — oft mißverstanden

Unter den Leib- und Magengerichten der Westfalen nimmt ein ganz spezielles Gericht einen besonderen Platz ein: »Graute Bohnen« — große Bohnen mit Speck. Ein westfälischer Dichter, Eli Markus, hat sie so beschrieben:

Sett up den Disk den Napp graute Baunen
Un guoad dörwassen Speck sett auk dobie,
Et müötet sien de echten Hangeschauten
För icke mi!

Stammtische in jahrhundertealten Wirtshäusern erfüllen den Leib- und Seele-Anspruch des Westfalen.

»Swattbraut« – schwarzes Brot und roter Schinken, Große Bohnen und Klarer Korn: diese vier Gerichte der westfälischen Küche halten Leib und Seele zusammen. Auf der Ebene dieser Genüsse vertragen und verbrüdern sich die Paderborner und Münsterländer, die Lipper, Ravensberger und Sauerländer, aber auch Geistliche und Kumpel, Städter und Bauern. Das Westfälische Revier ist Deutschlands und Europas wichtigster Produktionsbereich. In der Silhouette dieser Landschaft reihen sich in dichter Folge Fördertürme an Hochöfen, Haldenberge an Fabrikschornsteine. Hier geht die eine Stadt unmerklich in die andere über. Aber zwischen den Stätten emsiger Arbeit wurden Inseln der Ruhe und der Einkehr ausgespart. Wälder und Seen bieten dem Großstädter Erholung, und die Musen, alle nur denkbaren Erscheinungen der Kultur, wurden von der Arbeit keineswegs verdrängt, sondern entscheidend gefördert. In dieser Region läßt sich nicht nur arbeiten und Geld verdienen. Hier läßt sich auch leben und Kunst genießen.

Zwischen Rhein und Weser breitet sich das Westfalenland aus. Der kleinere dieser beiden Flüsse bildet seine östliche Grenze. Die Landschaft am Ufer der Weser und an den Hängen des Teutoburger Waldes, des Egge- und Wiehengebirges ist eine einzige große Idylle.

Das Sauerland trägt einen Namen, der Mißverständnisse herausfordern könnte, denn was hier sauer klingt, bedeutet so viel wie südlich. Die gebirgige, waldreiche Barriere riegelt das Westfalen-Land zum Süden hin ab.

Viele Flüsse entspringen im Sauerland. Es ist das Quellgebiet der Ruhr, der Lahn, der Wupper, der Lenne, der Volme und der Eder. Aus diesen Flüssen entstanden die

Ruhige Weite atmet das Münsterland mit seinen Einzelhöfen, Landstädten, Wasserburgen und Hecken und Wällen um fruchtbare Felder.

vielen Seen, künstlich gestaut, glasklar. Im Wittgensteiner Land hat die Natur ihre ursprünglichen Züge noch rein bewahren können.

Das Siegerland dagegen ist von den Spuren der Industrialisierung durchsetzt. Aber Sauerland, Wittgensteiner Land und Siegerland sind geprägt durch die Schönheit der Natur: Berge und Täler, Flüsse und Seen, Wälder und Höhlen. Vor 150 Jahren hieß es noch: »In Westfalen gibt es grobes Brot, dünnes Bier und lange Meilen«. Hans Sachs, der Nürnberger Schuhmacher und Poet, schrieb: »Die Westfalen henken die Frommen, die Diebe ledig von ihnen kommen«. Da gibt es einen weiteren, nicht gerade freundlichen Spruch:

Wirtschaftsgebäude am Schloß Rheda an der Ems.

»Wenn ein Westphelinger auss seinem Lande reiset, so scharret er den Weg hinter ihm zu, daß er ihn nicht könne wieder finden.« Ein lateinischer Spruch aus dem Jahr 1866 meint gar: »Westphalus est sine pi, sine pu, sine con, sine veri«. Der Westfale ist ohne pietate, also gottlos, ohne pudore, also schamlos, ohne conscientia, also gewissenlos und ohne veritate, also lügenhaft.

Wie hier in Nottuln war und ist die Kirche Mittelpunkt des Ortes.

Westfalen – das bedeutet viele Menschen, viele Welten. Man kann nur »mit dem Daumen radieren«, wie der Maler sagt, also unre
Er kommt in Variationen vor, ausgestattet zwar mit bestimmten charakteristischen Zügen, aber doch nicht in unverwechselbar rei

zieren, will man den Stammescharakter der Menschen andeuten. So gibt es zum Beispiel gar nicht »den Westfalen« schlechthin.

Die Westfalen

Wer eine abwechslungsreiche Landschaft auf engstem Raum, wer das Nebeneinander von Industrie und geschützter Natur oder den reizvollen Kontrast zwischen Städten weltbedeutender Geschichte und modernen Bauten unserer Zeit erleben will, findet in Westfalen zahlreiche Beispiele wie in keinem anderen Landstrich.

Der Teutoburger Wald, bisher nicht widerlegte Stätte der Schlacht im Jahre 9 n. Chr., als Hermann, der Cherusker, die römischen Legionen des Varus »aufs Haupt schlug«.

Die Externsteine, das erste Werk monumentaler Bildhauerkunst auf deutschem Boden. Die heidnisch-germanische Kultstätte kam 1093 in den Besitz des Klosters Abdinghof bei Paderborn. Der westliche dieser fünf dreißig bis vierzig Meter hohen Felsen ist laut Inschrift im Jahre 1115 durch Bischof Heinrich von Paderborn zu einer geweihten Kapelle ausgehöhlt.

Zur Erinnerung an die Schlacht Teutoburger Wald erbaute Ernst Bandel in den Jahren 1838 bis 18 das Hermannsdenkmal.

Und was die Menschen angeht: Die heitere, optimistische und tagesbezogene Lebensart fehlt dem etwas schwerblütigen Menschenschlag. Mit ihm muß man schon den sprichwörtlichen Scheffel Salz essen, bis er aus sich herausgeht, dann aber auch zu einer unerschütterlichen Freundschaft bereit ist. Sie gelten als konservativ, ein Begriff, den man allerdings nicht zu eng auslegen sollte. Zumindest bedeutet er in Westfalen nicht ein dumpfes Verharren im Überlieferten und im Trott der Generationen. Impulse werden aufgenommen, weiter entwickelt und mit Beharrlichkeit verfolgt. Für extreme Strömungen aber ist kein Platz. Das Leben kann nur rückwärts verstanden, muß aber vorwärts gelebt werden. Natürlich ist es ein vergebliches Bemühen, aus der nur unvollkom-

machen. Sie sind dafür zu sentimental, zu hart, sind vielleicht auch zu verschlossen, als daß sie mit der nötigen Selbstgefälligkeit und Kontaktfreude den Fremden zeigen, was sie besitzen. Sie sind gastfreundlich, sie lassen den Fremden und Zugereisten mit einer wohltuenden Selbstverständlichkeit rasch gelten, aber sie reißen sich nicht um dessen Gunst, am wenigsten mit dem Vorweisen eigener Schätze, soweit sie sich um deren Wert überhaupt kümmern«.

Sicher sind allen Westfalen bestimmte Züge eigen. Aber kein Gesicht ist wie das andere. Der Sauerländer ist anders als der aus dem Ruhrgebiet, der Münsterländer nicht vergleichbar mit dem Hochstift-Paderborner, der Lipper ist anders als der Minden-Ravensberger. Es sind hier

men überlieferten Wesensart aller Volkstämme auf den Charakter der heutigen Bevölkerung eines Raumes schließen zu wollen. Das gilt auch für Westfalen. Es kann deshalb nur hier und dort Typisches gefunden werden. Es gehört sicher zu den Eigenschaften des Westfalen, kein Aufhebens zu machen, auch von den interessanten Dingen nicht, am wenigsten von sich selber. Man hat hierzulande nicht viel Sinn für das, was anderswo mit Eifer konserviert und zur Besichtigung freigegeben wird. Friedrich Wilhelm Hymmen schrieb einmal: »Der Fremde wird beim Spazierengehen durch die Städte und Dörfer immer wieder mit Geschenken überrascht. Er trifft auf architektonische und künstlerische Kostbarkeiten, die ihm durch keinen Prospekt und Fremdenführer angekündigt sind. Fast scheint es, als ob die alteingesessenen Bürger Westfalens selber nicht daran glauben möchten, daß sie weitaus reicher sind, als man ihnen nachsagt. Es liegt den Westfalen nicht, ihren eigenen Lebensumkreis zu einem schönen Museum zu

Menschen, die einer Landschaft die Kennkarte ausstellen oder auch umgekehrt. Wenn ein Volksschlag zur Stetigkeit neigt, wenn nicht gar zum dickköpfigen Beharren, dann ist es der Westfale. Er ist heute noch gekennzeichnet durch ruhiges Bedenken, schwerblütig, zäh, beharrlich und gelassen, gründlich auf neue Probleme reagierend.

Aus den Schriften der Römer erfahren wir viel über die Menschen, die in Westfalen wohnten, und die von den Römern Germanen genannt wurden. Aber nirgendwo finden sich Anhaltspunkte oder Hinweise auf den Begriff Westfalen. Er tritt dann recht plötzlich in den Urkunden und Jahrbüchern der Franken während der Zeit Karls des Großen auf. Wir finden ihn in den Reichsannalen für das Jahr 775.

Westfälische Flüsse und Kanäle

Es mag als Fügung eines freundlichen Geschicks erscheinen, daß Westfalen eine Landschaft beschert wurde, die bestimmt ist, Jungborn zu sein für Hunderttausende. Wenn die weltbekannten Heilquellen, die vielen Tausend Kranken Genesung spenden, ein besonderer Stolz Westfalens sind, so finden andererseits auch viele Menschen an und auf den Flüssen und künstlichen Stauseen ihre Erholung.

Vom Bach zur Wasserstraße.
Viele kleine Flüßchen und Ströme durchqueren die Landschaft Westfalens. Die stille Lippe, die ungebärdige Emscher, die Ruhr, Deutschlands wasserwirtschaftlich am stärksten beanspruchter Fluß, die hellplätschernde Sieg. Die Kanäle: der Dortmund-Ems-Kanal, der Rhein-Herne-Kanal, der Mittellandkanal, oder wie sie alle heißen mögen, sind für den Transport von Massengütern der industriellen Wirtschaft unentbehrlich geworden.

Seine Verkehrsachse stellt die Hellwegstraße, die Verbindung zwischen Rhein und Weser dar. Auf sie war schon die kräftige Blüte des Landes im 13. und 14. Jahrhundert zurückzuführen, als der Verkehr nach Osten, nach Ostdeutschland, vor allem in den Ostseeraum, flutete. Die Vertikale vom Hellweg aus, von Dortmund zu den Ysselstädten Deventer und Zutphen und den Häfen am Zuidersee und weiter zu der Handelsmetropole Amsterdam, hat ebenso, wie die Linie über die Ems nach Emden, immer eine Rolle gespielt.

In Westfalen sind durch die Jahrhunderte hindurch Kräfte am Werk gewesen, diese Linien zu verstärken und über sie in einen Wettbewerb mit dem Rhein einzutreten. Die minder gute Verkehrslage hatte in Westfalen den Blick für den Verkehr geschärft.

PORTA WESTFALICA. Die letzten Erhebungen des deutschen Mittelgebirges vor der weiten Tiefebene durchbricht die Weser südlich von Minden an der Westfälischen Pforte.

Vom Kaiser-Wilhelm Denkmal auf dem Wittekindsberg haben Besucher einen herrlichen Rundblick ins Flachland,
auf das Wiehen- und Wesergebirge und in den Teutoburger Wald.

Die westfälische Pforte

Über die Entstehung der Porta Westfalica, der Westfälischen Pforte, kursieren viele Geschichten. Der Sage und Dichtung nach floß die Weser vor langen, langen Zeiten von Hameln kommend entlang des Weser- und Wiehengebirges. Ihre Wassermassen strömten dann durch die Wallücke in der Nähe von Bergkirchen in die Norddeutsche Tiefebene. Damals versuchte der Teufel, Macht über die Menschen zu gewinnen. Weil sie ihm nicht folgsam sein wollten, stopfte er den Wasserlauf mit allerlei Geröll und Felsbrocken zu. Dadurch stieg das Wasser im Lande immer höher und höher, und die Menschen drohten zu ertrinken, obwohl sie sich schon auf die Berggipfel geflüchtet hatten. In ihrer großen Not riefen sie den Herrgott um Hilfe an. Bald kam ein starkes Gewitter auf. Blitze zuckten vom Himmel herab, und ein gewaltiger Blitz fuhr mit großer Gewalt direkt in das Gebirge. Es wurde ein Spalt aufgerissen, und das Wasser floß ab. Dadurch entstand die Westfälische Pforte. Die Menschen konnten an ihre angestammten Wohnplätze zurückkehren. Als der Teufel das sah, geriet er in große Wut. Er grapschte allerlei Hügel zusammen und flog durch die Lüfte, um die neue Weserscharte zuzustopfen. Jedoch kam er nicht weit. In der Nähe von Vlotho stolperte er, kam zu Fall, und seine schwere Last begrub ihn. So entstand der Bonstapel, ein kleiner Berg bei Vlotho. Einige meinen, daß der Teufel auch jetzt noch gelegentlich in den Erdwällen bei Bad Seebruch im

Zahlreich, vielfältig sind in einer Spanne von mehreren hundert Jahren die Schlösser und Burgen in Westfalen entstanden. Wie großartig eine solche Anlage wirkt, zeigt das Schloß Tatenhausen im Kreis Gütersloh.

In keiner deutschen Landschaft gibt es so zahlreiche Wasserburgen, wie sie Westfalen aufzuweisen hat. Ein eindrucksvolles Beispiel: Haus Vischering im Münsterland mit seinem romantischen Innenhof.

Künstlerische und geistige Leistungen, die im Zusammenwirken von Bauherren und Meistern entstanden sind, stellen einen wesentlichen Teil dessen vor, was als »Vergangenheit« seine eigene Persönlichkeit prägt. Schloß Holte im Kreis Gütersloh, in seinen äußeren Umrissen erhalten, innen zu Wohnungen umgestaltet.

Erdinnern rumore. Die Wissenschaft sieht die Entstehung der Westfälischen Pforte natürlich anders. Fachleute sprechen vom »Durchbruchstal der Weser«. Es wird vermutet, daß schon vor Ausprägung des Weser- und Wiehengebirges hier die Weser floß. Die Wassermassen hätten sich dann ihren Weg durchs Gebirge gebahnt, sich immer tiefer eingeschnitten, und es entstanden das westliche Wiehengebirge und das östliche Wesergebirge, das in früheren Jahrhunderten Süntel hieß. In der Eiszeit wurde dann das Durchbruchstal stark ausgeweitet. So erklärt man sich auch die Entstehung der Porta Westfalica, wie sie sich heute zeigt, wenn man von den Veränderungen am Hang des Jakobsberges durch den Bau der Eisenbahn in den letzten 150 Jahren einmal absieht.

Eine andere Deutung geht dahin, daß die Porta Westfalica durch eine rückschreitende Erosion entstanden sei. Das heißt: am Nordhang des Gebirges befand sich eine Quelle, deren Wasser in einen Bach führte, der sich immer tiefer in das Gestein des Gebirges eingrub. So soll die Quelle auch immer weiter rückwärts zum Kamm gewandert sein, bis sie letztlich die großen Wassermassen der Weser südlich von Weser- und Wiehengebirge »anzapfte«.

Dadurch soll sich das Wasser immer tiefer in das Gebirge hineingegraben haben, bis schließlich die Weser ihren Lauf entlang des Wiehengebirges aufgegeben habe und nun durch die neugeschaffene Westfälische Pforte nach Norden bis zum Meer fließen konnte.

Eine prächtige Gartenanlage – Wasserschloß Nordkirchen, »das Westfälische Versailles«.

Westfalen in der Literatur

Viele Landstriche Westfalens verdienen literaturgeschichtliche Betrachtungen. Der Raum Höxter zum Beispiel gehört zum Jugenderlebnis der Annette von Droste-Hülshoff (1797-1848). In Bökendorf lebten ihre Großeltern mütterlicherseits. Onkel Werner von Haxthausen, der mit Wilhelm Grimm in Verbindung stand, lieferte für dessen Sammlung eine Anzahl Märchen aus der näheren und weiterer Umgebung. Die »Judenbuche«, die der Dichterin den Stoff zu der bekannten Erzählung vermittelte, stand in Ovenhausen. Onkel August von Haxthausen hatte einen ausführlichen Bericht über den Mord, um den sich die Erzählung rankt, niedergeschrieben.

Man kann nicht reinrassig westfälisch sein. Die Menschen kamen, vor allem in unserem Jahrhundert, von überall her.

Wer sind die Westfalen? Wie kann man sie charakterisieren? Gibt es überhaupt den Westfalen? So unterschiedlich wie die westfälischen Landschaften, so sind auch ihre Bewohner. Der in Cleve herausgegebene »Westphälische Beobachter« schrieb im Jahre 1765: »Keine Nation ist schwerer zu schildern als die Westphäler«. Zu unterschiedlich seien die Gemüter und Sitten der Bewohner dieses Landes.

Es gibt die unterschiedlichsten Äußerungen über die Westfalen und Lipper. Vor über 500 Jahren lobte der Karthäuser-Mönch Rolevinck in seiner Schrift »De laude veteris Saxoniae nunc Westphaliae dictae« den Zusammenhalt der Bewohner und preist Westfalen als »ein Paradies mit fruchtbarer Erde, blühenden Fluren, prangenden Gärten, mit Tälern und Wäldern, bewohnt von Menschen, die die besten, fleißigsten, biedersten und frömmsten Geschöpfe dieser Erde sind.«

Der französische Schriftsteller, Historiker und Philosoph Francois-Marie Voltaire, bedeutendster Vertreter und Führer der europäischen Aufklärung, bezeichnete im 18. Jahrhundert die Westfalen als Tölpel.

Annette von Droste-Hülshoff, die große westfälische Dichterin, wurde 1797 auf Schloß Hülshoff bei Münster geboren.

Annette von Droste-Hülshoff hat die Westfalen oft beschrieben, nicht immer sehr schmeichelhaft. »Wenn wir von Westfalen reden, so begreifen wir darunter einen sehr großen, sehr verschiedenen Landstrich; daher möchten wohl wenige Teile unseres Deutschlands einer so weitläufigen Beobachtung bedürfen«.

»Der Sauerländer«, so schrieb sie, »freit wie ein Kaufmann, nämlich nach Geld und Geschicklichkeit, und führt auch seine Ehe so — kühl und auf gemeinschaftlichen Erwerb gerichtet. Der Münsterländer freit wie ein Herrenhuter, gutem Rufe und dem Willen seiner Eltern gemäß, und liebt und trägt seine Ehe wie ein aus Gottes Hand gefallenes Los in friedlicher Pflichterfüllung. Der Paderborner Wildling aber, hat Erziehung und Zucht nichts an ihm getan, wirbt wie ein derbes Naturkind mit allem Ungestüm seines heftigen Blutes. Mit seinen und den Eltern seiner Frau muß es daher auch oft zu heftigen Auftritten kommen. Er geht unter die Soldaten, oder er läuft Gefahr, zu verkommen, wenn seine Neigung unerwidert bleibt. Die Ehe wird den Frauen zum wahren Fegefeuer, bis sie sich zurechtgefunden. Fluch- und Schimpfreden haben, wie bei den Matrosen einen großen Teil ihrer Bedeutung verloren und lassen eine Art aufopfernder Liebe wohl neben sich bestehen«.

»Obwohl sich keiner ausgezeichneten Singorgane erfreund, sind die Paderborner doch überaus gesangliebend. Überall, in den Spinnstuben, auf dem Felde, hört man sie quinkelieren und pfeifen.« Sie haben ihre eigenen Spinn-, Acker-, Flachsbrech- und Rauflieder. Das letzte ist ein schlimmes Spottlied, das sie jedem Vorübergehenden aus dem Stegreif zusingen. Sonderlich junge Herren, die sich den Verhältnissen nach zu Freiern ihrer Fräulein qualifizieren, können darauf rechnen, sich von zwanzig bis dreißig Stimmen nachkrähen zu hören: He, He, He! Er ist ihr zu dick, er hat kein Geschick — oder: Er ist zu arm, dass Gott erbarm...

Was über die Sangeskunst im Text der Annette von Droste-Hülshoff, die hochmusikalisch war und selbst komponierte, gesagt wurde, darf nicht verallgemeinert und auf alle Westfalen ausgedehnt werden. Das »Westfalenlied« wird immer noch gesungen:

Wohn- und Schreibzimmer der Annette Droste im Rüschhaus.

Ihr mögt den Rhein, den stolzen, preisen,
der in dem Schoß der Reben liegt.
Wo in den Bergen liegt das Eisen,
da hat die Mutter mich gewiegt.
Hoch auf dem Fels die Tannen stehn,
im grünen Tal die Herden gehn.
Als Wächter an des Hofes Saum
reckt sich empor der Eichenbaum.
Da ist's, wo meine Wiege stand.
O grüß dich Gott, Westfalenland.
Wir haben keine süssen Reben
und schöner Worte Überfluß
und haben nicht sobald für jeden
den Brudergruß und Bruderkuß.
Wenn du uns willst willkommen sein,
so schau auf's Herz, nicht auf den Schein,
und schau uns grad' hinein ins Aug',
gradaus, das ist Westfalenbrauch.

Es fragen nichts nach Spiel und Tand
die Männer aus Westfalenland.
Und unsre Frauen, unsre Mädchen,
mit Augen, blau wie Himmelsgrund,
sie spinnen nicht die Liebesfädchen
zum Scherze für die müß'ge Stund.
Ein frommer Engel Tag und Nacht
hält tief in ihrer Seele Wacht.
Und treu in Wonne, treu in Schmerz
bleibt bis zum Tod ein liebend Herz.
Glückselig, wessen Arm umspannt
ein Mädchen aus Westfalenland.
Du Land Westfalen, Land der Mark,
wie deine Eichenstämme stark, dich segnet
noch der blasse Mund
im Sterben, in der letzten Stund.
Land zwischen Rhein und Weserstrand,
o grüß dich Gott, Westfalenland!

»Diese Landschaft bietet eine lebhafte Einsamkeit, ein fröhliches Alleinsein mit der Natur, wie wir es anderwärts noch nicht angetroff

Die Landschaftsfarben Westfalens sind vielfältig und konkurrieren miteinander. Heiligenhäuschen sind Zeugnisse alten Heiligenk

d jung gebliebener Gottesverehrung.

Eine Legende über die Entstehung Westfalens: Als Christus noch auf Erden wandelte, zog er mit dem Apostel Petrus auch durch die dichten Wälder Westfalens. Die Region war noch völlig unbewohnt. Deshalb bat Petrus seinen Herrn: »Willst Du nicht einen Menschen machen, der dieses Land bewohnen soll?« Nach mehrmaligem Bitten stieß Christus einen mitten im Weg liegenden Erdklumpen mit dem Fuß an und sagte: »Werde ein Mensch!« Da regte sich der Klumpen, ein großer, starker Mensch kam zum Vorschein, blickte den Herrn unwirsch an und knurrte: »Watt stött hei mi?« So wurde der erste Westfale erschaffen.

Ein selbständiges, ein umfassendes Staatsgebilde ist Westfalen, abgesehen von der abenteuerlichen Zeit »Königs Lustik«, nie gewesen. Dennoch gibt es Westfalen. Die Westfalen sind so westfälisch, wie die Bayern bayerisch sind. Bismarck charakterisierte die Westfalen einmal kurz und bündig: Der Westfale bleibt immer Westfale.

Die Landschaften Westfalens sind keine Parks. Hier kann man Natur noch erleben, in einer Dimension, die Rahmen sprengt. Hirsch

..e, Muffelwild, Dachse – hier wird nicht nur gejagt, sondern auch gehegt.

Westfälische Stämme und Originale

Annette von Droste-Hülshoff untersuchte einmal sehr eingehend die drei Hauptstämme der Westfalen. Für sie verfügte der Sauerländer über eine kolossale Körperkraft, eine kühne und offene Physiognomie und einen ungezwungenen Anstand, gepaart mit Schlauheit, Verschlossenheit und praktischer Verstandesschärfe.

Dem Einwohner im Hochstift Paderborn bescheinigte sie »eine Art wilder Poesie in der sonst nüchternen Umgebung«. Er erwecke den Eindruck, als stamme er aus den Abruzzen. »Die Männer sind oft hübsch und immer malerisch, die Frauen haben das Schicksal der Südländerinnen, eine frühe, üppige Blüte und ein frühes, zigeunerhaftes Alter.«

Bei den Bauern im Münsterland entdeckte sie Gutmütigkeit, Furchtsamkeit, tiefes Rechtsgefühl und eine stille Ordnung und Wirklichkeit. Im Münsterland vermißte Annette von Droste-Hülshoff gutaussehende Männer, »während unter zwanzig Mädchen wenigstens fünfzehn als hübsch auffallen, und zwar in dem etwas faden, aber doch lieblichen Geschmack der englischen Kupferstiche«. Immerhin stellt sie fest, ersetze der Münsterländer durch Eigenschaften des

Nachbarschaft war jahrhundertelang in Westfalen eine existenzsichernde Not- und Hilfsgemeinschaft in den Krisensituationen des Lebens. Ein westfälisches Sprichwort:

»Guter Nachbar ist besser als der Bruder in der Ferne.« Eine bäuerliche Lebensweisheit in Westfalen: »Mit deinen Verwandten darfst Du Streit haben, nicht mit Deinen Nachbarn«.

Herzens, was ihm an Geistesschärfe abgehe.

Westfalen ist reich an Originalen. Meistens waren sie nur in der näheren Umgebung ihres Wohnortes bekannt. Eine Ausnahme bildet der Baron und Gutsbesitzer von Romberg. Literarisch verewigte ihn Josef Winckler in seinem Roman »Der Tolle Bomberg«. In »Kindlers Literatur-Lexikon« heißt es über ihn: »Gelächter und Tragik, Tollheit und Phantastik umspielen die Gestalt dieses adeligen Schelms, den die Geistlichen für einen Besessenen, die Adeligen für einen Trottel, die Spiesser für einen Hundsfott, die Soldaten für ein Saufgenie, die Damen für einen Wüstling und die Zeitgenossen für einen »Kerl« hielten«.

Bei Josef Winckler vermischen sich Dichtung und tatsächlich Ereignetes. Diese Geschichte passierte wirklich: Als ein Adelskollege im Provinzial-Landtag von Westfalen überheblich meinte, der Adel steige nicht ins Volk hinab, fuhr der tolle Bomberg am nächsten Tag sechsspännig auf den Roggenmarkt nach Münster. Das Volk versammelte sich staunend um den Baron auf dem Bock des Gefährts, dem es aber nicht einfiel, herabzusteigen. Er blieb sitzen und ließ einen Friseur zu sich auf den Bock steigen, um sich rasieren zu lassen. Dazu meinte er augenzwinkernd: »Der westfälische Adel steigt nicht ins Volk hinab«.

Anheimelnd für Leib und Seele — drinnen und draußen.

Das Pferd, Wappentier Westfalens, auf vielen westfälischen Gestüten gezüchtet, wird in alle Welt exportiert.

52 »Gänselieschen« sucht man in Westfalen vergebens. Die westfälischen Bauern haben sich mit Erfolg den Notwendigkeiten des Marl

tellt. Nicht nur zur Martinszeit wird Geflügel abgesetzt.

Westfalen feiern

Da die Westfalen viel arbeiten, haben sie auch das Recht, viel zu feiern. Am Karneval sind die Westfalen ebenso intensiv, wenn auch in anderen Formen, beteiligt wie die Rheinländer. Und kaum eine

Westfalen im Wandel

Schwarzbunte Kühe vor schwarz-weißem Fachwerk, braune Pferde vor geteerten Toren und Türbalken mit Inschriften mannigfacher Art, orangefarbene Dachpfannen neben dem Grauschiefer und dem Gelbrot des Ziegelsteinfachwerks. Das ist zwar auch Westfalen, aber nur ein Teil. In der westfälischen Landschaft findet man sowohl die traditionellen Züge der Kulturlandschaft als auch die neuen Entwicklungen der letzten Jahrzehnte. Westfalen war und ist ein Raum im Wandel mit einem sicher immer noch hohen Anteil an landwirtschaftlichen Nutzflächen. Westfalen, das an zwei Bundesländer, Hessen und Niedersachsen, und an die Niederlande grenzt, wird durch Gemeinwesen mit einer langen historischen Vergangenheit geprägt. Sie wurden in den letzten Jahren hervorragend saniert und restauriert. Soest, Paderborn und Minden gehören zu den ältesten und historisch bedeutendsten Städten Westfalens. Mehr als zehn Jahrhunderte haben in ihnen unverwechselbare Spuren hinterlassen.

Weite Teile Westfalens sind durch die Landwirtschaft geprägt. Nicht nur schöne Bauernhöfe mit künstlerisch gestalteten Hoftoren und Inschriften und rassige Pferde prägen das Bild, sondern auch Misthaufen, die die Grundlage für eine gesunde Ernte bilden. Die Arbeit in Feld und Flur, bei Tag und Nacht, hat Furchen in das Antlitz des Bauern gegraben westfälische Stadt oder Ortschaft ohne Schützenfest, das nicht mindestens drei Tage dauert. Als belebendes Element erweist sich immer wieder das spezifische Gewicht eines speziellen Getränks: der »aolle« Klare, der alte Klare. Dazu Bier oder Pilsener. Wenn vom Karneval die Rede ist, dann denkt man meistens an die rheinische Fröhlichkeit und das

Treiben in den rheinischen Karnevalsmetropolen. Wenn 's hoch kommt, dann vielleicht noch an Münster. Daß aber der Karneval, Fasching oder schlechthin die Fastnacht auch im Ruhrgebiet, im Sauerland und in Ostwestfalen ihre Wurzeln haben, wird meistens übersehen. Dabei wird hier nicht weniger gefeiert als in den »Karnevalsmetropolen« auch. Es muß nicht »Kölle« sein, so etwa singt man in Rietberg im Kreis Gütersloh, einer der Karnevalshochburgen in Ostwestfalen.

Schon vor über 100 Jahren gab es in Bielefeld, einer Stadt, der man mehr nüchterne Sachlichkeit als Humor nachsagt,

einen fastnachtlichen Umzug. 1877 bespöttelte der damalige Bielefelder Karnevalsverein, der »Bardenbun«, die Berufsschul- und Wasserversorgungsanlagen der Stadt. 1878 gab es in Bielefeld einen Karnevalsverein, der sich »Blausäureverein« nannte. Nach seinen Satzungen wollte er das Vernünftig-Närrische, den Humor und — man höre und staune — den sittlichen Ulk pflegen. Nach dem Ulk wurde dann tüchtig ein Klarer gehoben. Bielefeld hat sich allerdings nicht zur karnevalistischen Hochburg entwickelt. Hier feiert man heute Karneval klein, aber fein. Karnevalshochburgen sind in Ostwestfalen Stukenbrock, Rietberg, Bad Driburg, Steinheim und Delbrück. Sicher ist, daß hier schon im 17. Jahrhundert wie im Rheinland und süddeutschen Raum Karneval gefeiert wurde. »De Fastelobendstuid is wedder do . . .«, so beginnt ein Karnevalslied in plattdeutscher Sprache.

Schon zu Anfang dieses Jahrhunderts wurden in Steinheim, einer kleinen Stadt im Paderborner Hochstift, die sich im Hinblick auf ihre karnevalistische Tradition »Klein-Köln an der Emmer« nennt, Rosenmontagsumzüge mit Wagen und Fußgruppen veranstaltet.

56   Mensch und Tier unter einem Dach — Tradition in Westfalen.

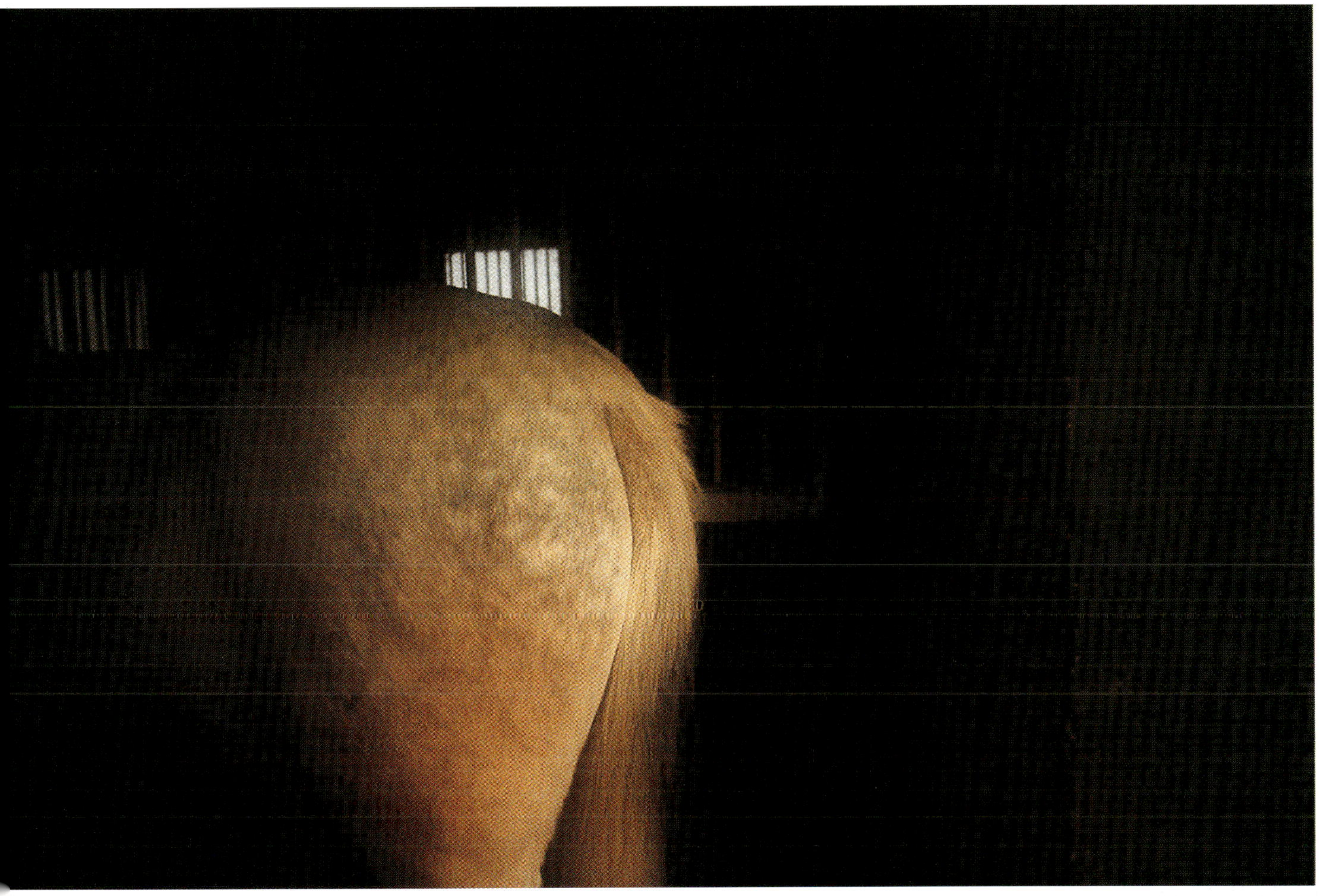

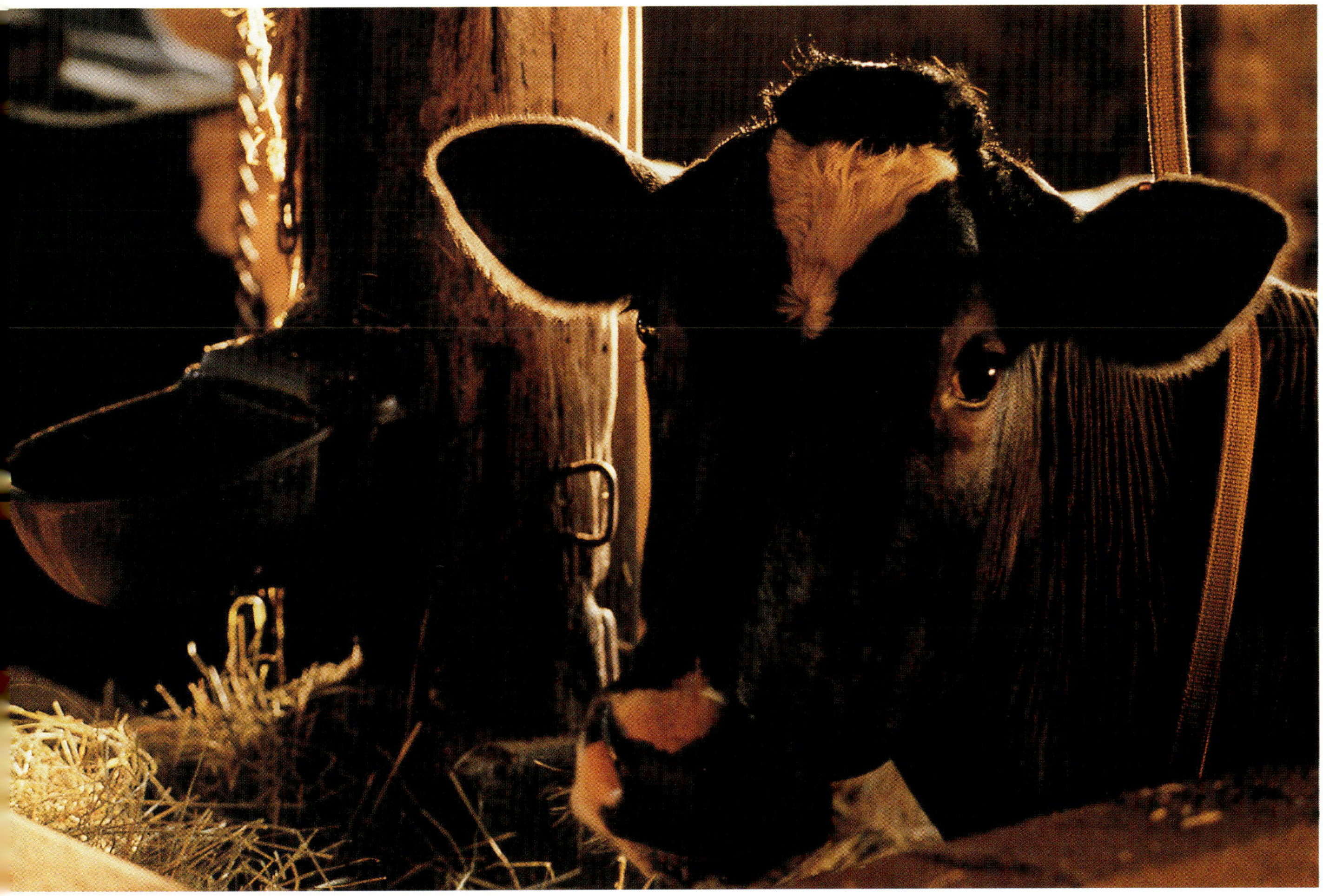

Westfälische Hanse

Die Hanse, ein Bund, der zugleich der Erhaltung oder Wiederherstellung des Friedens und der Sicherung des Handelsverkehrs diente, wurde in Westfalen bereits im Jahre 1246 zwischen den Städten Münster, Osnabrück und Minden sowie den Städten Coesfeld und Herford geschlossen. Damals tobte eine Fehde zwischen dem Grafen von Tecklenburg auf der einen Seite und den Stiften Münster, Osnabrück und dem Grafen von Ravensberg auf der anderen Seite. Die wichtigsten Hansestädte in der späteren Preußischen Provinz Westfalen waren Soest, Dortmund und Münster.

Zur Verflechtung Westfalens mit dem Ostseeraum trug neben dem Handel die Wanderungs- und Siedlungsbewegung bei, die vom 12. bis ins 14. Jahrhundert aus dem volkreichen Nordwestdeutschland in östlicher und nordöstlicher Richtung ging. Entlang der Ostseeküste wanderten damals von Holstein bis Livland zahlreiche Westfalen zu. Damit verstärkten sich die Bande zwischen den Städten Westfalens und des Ostseeraums, nicht zuletzt zu Lübeck, das seit dem 13. Jahrhundert als die führende Stadt der Hanse hervortrat.

Das Netz der Hansestädte verdichtete sich im 14. und 15. Jahrhundert; doch waren nicht alle Hansestädte gleichermaßen Glieder der Hanse. Nicht alle Hansestädte wurden zu den Versammlungen der Hansestädte, den Hansetagen, eingeladen. Als Beistädte gruppierten sich die

meisten um einige Prinzipal-Städte. Die Beistädte zahlten ihre Hansebeiträge an ihre Prinzipalstadt. Von ihr wurden die Interessen der Beistädte in der Hanse vertreten. Zu den Prinzipalstädten gehörten in Westfalen im 16. Jahrhundert außer Soest, Dortmund und Münster, die Städte Unna und Hamm, Lippstadt, Paderborn und Warburg, Bielefeld, Lemgo, Herford, Minden und Coesfeld. Schon vor dem letzten Hansetag im Jahre 1669 ging der Anteil Westfalens am Fernhandel und an der Hanse stark zurück.

Dennoch haben die Westfalen immer eine ungemein große Integrationskraft besessen. Das zeigt sich besonders deutlich im Ruhrgebiet. Aber auch sonst glichen sich neue Bevölkerungselemente den Einheimischen an. Es traten keine unüberwindlichen Gegensätze auf. Im Gegenteil. Den vielen Vertriebenen und Flüchtlingen verdankt der Raum einen Großteil seiner positiven Entwicklungen.

Viehauktion.
Die meisten Viehmärkte in Westfalen sind verschwunden. Der Großviehmarkt in Hamm ist erhalten geblieben. Hier wird nach alter westfälischer Art begutachtet, gehandelt und ersteigert.

Die Erde Westfalens ist in weiten Teilen fruchtbar. Sie liefert seit altersher Korn für die Städte – neuerdings auch Gras für das Vieh. Moderne Ernte-, Dresch- und Transportmaschinen erleichtern dem Landwirt heute die Arbeit und machen ihn zum Unternehmer. Gemahlen wird das Getreide vielfach in alten oder wiederaufgebauten Mühlen. Dazu gehören Wasser- und Windmühlen verschiedener Arten. Die Windmühlen befanden sich meistens außerhalb geschlossener Ortschaften oder an ihrem Rand, so daß weder Gebäude noch Baum den Wind von der Mühle ablenken konnten.

Der Beruf des Müllers gehört zu den ländlichen Handwerken. Je nach Windverhältnissen konnte der Wind-Müller oft tagelang nic

ahlen, während er an anderen Tagen bis tief in die Nacht arbeiten mußte.

Schnurre, schnurre, meine Spindel, dreh dich ohne Rast und Ruh!

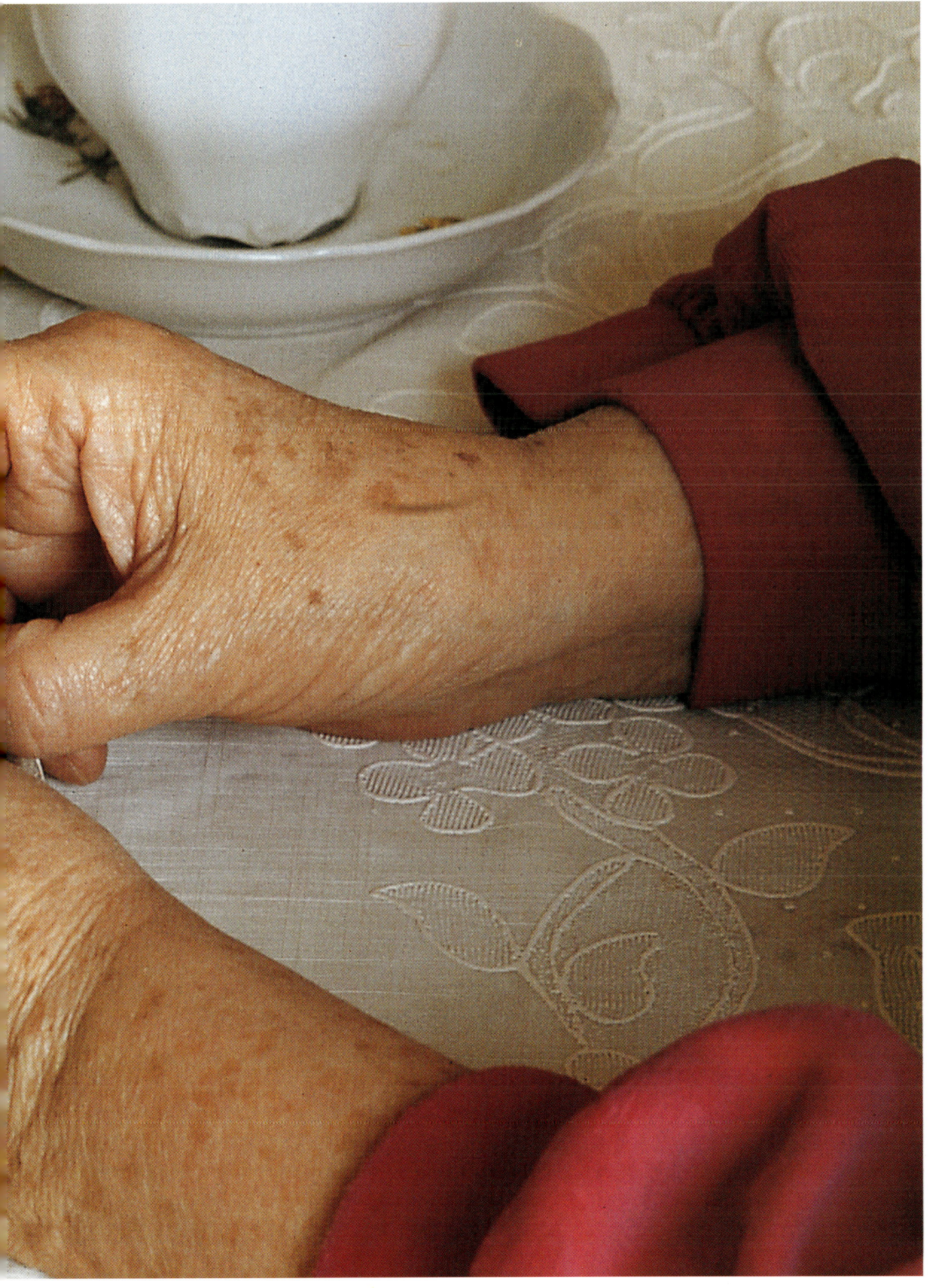

Westfälische Mundarten

Kann man von westfälischen Mundarten in dem Sinne sprechen, daß ihnen trotz aller lokalen Unterschiede doch gemeinsame Merkmale eigentümlich sind? Gibt es Laut- oder Formbildungen, an denen man einen Mundartsprecher als Westfalen erkennen könnte? Leider nicht. Es gibt zwar charakteristische Eigenarten westfälischer Mundarten, etwa die Entwicklung von Zwielauten. Sie gelten jedoch nicht in allen Mundarten, die man aus sprachlichen Gründen als westfälisch betrachten müßte. Wohl aber gibt es viele bedeutsame Eigenheiten, die das Westfälische entweder vom südlich und südwestlich angrenzenden Hessischen bzw. Rheinischen oder vom Niedersächsischen abheben.

Die innere Gliederung des westfälischen Sprachraums ist das Ergebnis eines jahrhundertelangen soziogeographischen Kräftespiels. Ostwestliche Gegensätze überschneiden sich mit nordsüdlichen. Dadurch entsteht ein buntes Mosaik von fast verwirrender Vielfalt. Die wichtigste Mundartschranke hat sich an der Lippelinie, der alten Südgrenze des Fürstbistums Münster, herausgebildet. Sie teilt das Westfälische in eine nördliche und in eine südliche Hälfte. Im Süden sagt man z.B. de Daag »der Tag« und de Huaf »der Hof«, nördlich der Lippe dagegen de Dag und de Hoff.

Die mannigfachen Unterschiede, die an der Lippe aufeinanderprallen, sind den Mundartsprechern jener Gegenden durchaus bewußt und geben zu vielen Spottversen Anlaß. So pflegten Südmünsterländer die »üöwerlippsken« Lüner zu verspotten mit dem Reim:

> Wilmken van Lünen
> kann smöüken un prümen,
> kann seggen und meggen
> un de Wannemüöll dreggen.

Die Lünener revanchierten sich, indem sie die Lautungen ihrer Münsterländer Nachbarn parodierten:

> Wilmken van Lünen
> kann smaiken un prümen,
> kann saien un maien
> un de Wannemüöll draien.

Innerhalb des Südwestfälischen nimmt das Märkische eine Sonderstellung ein. Es unterscheidet sich von allen westfälischen Mundarten durch seine auffälligen persönlichen Fürwörter it »ihr« und ink »euch« statt der sonst in Westfalen üblichen (j) i bzw. (j) u, uch. Die sprachliche Ost-Westgliederung Westfalens ist ebenfalls deutlich ausgeprägt. Von den

Eigenarten der ostwestfälischen Mundarten, die sich im Laufe des letzten Jahrtausends herausgebildet haben, sind die seit dem 17. Jahrhundert nachweisbaren Zwielaute statt der langen i-, u- und ü-Vokale am auffälligsten. So lauten zum Beispiel die drei Wörter »fünf braune Häuser« hier nicht fif brune Hüser wie im westlichen Westfalen, sondern fuif briune Huiser oder feif broune Höüser. Während sich das westliche Westfalen immer wieder den

von Süden kommenden Einflüssen öffnete, war Ostwestfalen, vor allem das Oberwesergebiet, seit langer Zeit das wichtigste Einfallstor für sprachliche Neuerungen aus dem Osten und Südosten. Das mag die Wortgeographie für den letzten Wochentag beweisen. Seit dem Mittelalter gilt dafür im größeren westlichen Teil Westfalens wie im anschließenden rheinisch-niederländischen Sprachgebiet das Wort Saoterdag. Diese uralte Lehnübersetzung des vorchrist-

Am Wolle- oder Leinenfaden hing die Entwicklung vieler Städte in Westfalen, in der die Textil- und Bekleidungsindustrie zu Hause ist. Auch heute nimmt sie in Deutschland einen beachtlichen Rang ein.

lichen römischen Saturni dies, »Saturntag«, scheint aber die Weser in Westfalen nie erreicht zu haben. Ostwestfalen steht vielmehr in altem wortgeographischen Zusammenhang mit Niedersachsen, das seit je nur die Bezeichnung Sunnaowend kennt. So ist durch das jahrhundertealte sprach- und kulturgeschichtliche Kräftespiel die Vielfalt der heutigen westfälischen Mundarten entstanden. In vielen Gemeinden Westfalens werden regelmäßig Gottesdienste in der plattdeutschen Sprache gehalten. Ganz unsentimental wird da gemeinsam das »Vater unser« gebetet:

> Usse Vader, der du büss in' Himmel, hillig soll
> Dien Name sien.
> Dien Riek kuem to us. Dien Wille sall wiesen
> in'n Himmel un up Äerden.
> Usse däggliche Braut giew us vandaage.
> Vergiew us usse Schuld,
> So äs wi vergiewt, wel us wat schüllig sind.
> Laot us nich in Versökung geraoden.
> Män mak us frie van alle Uewel.

Den westfälischen Mundarten gemeinsam ist der Mangel des »sch«, das in der Regel durch sk oder s ersetzt wird. Die Stadt Lüdenscheid wird an Ort und Stelle »Lüdenskeid« oder das sauerländische Meschede »Meskede« gesprochen. Aus Begonie wird »Bejonie« oder Giessen »Jiessen«. Das Sk steht auch für viele Verkleinerungsformen. So wird ein Eckchen zum »Ecksken« oder ein Stückchen zum »Stücksken«.

Die Sprache im westfälischen Revier ist eine Vermischung aus plattdeutschen, hochdeutschen, slawischen und rheinischen Elementen. Wilhelm Herbert Koch ließ sie in seinen Geschichten in der Westdeutschen Allgemeinen Zeitung lebendig werden unter dem Titel »Kumpel Anton«:

Kumpel Anton erkundigt sich nach dem Lieblingsgericht seines Freundes Cervinski und zählt auch gleich eine Menge Leckerbissen auf: Schweinebraten und Gehacktes, Sülzkotelett und Erbsensuppe mit Mettwurst. Aber Cervinski winkt ab. »Anton«, sachtä Cervinski, »Waisse, watt ich am liepsten essen tu? Graupensuppe oda Wurzeln durcheinander«. »Watt«, sarich, »na, da hasse aban komischen Geschmack!« »Si istat nich«, sachtä Cervinski, »ich esstat auganzgärn, Anton, Schwainebratn un Gehacktet, aba wenn dat gippt, dann gipptat immer nuren Fitzken dafonn, un wenne erss richtig Appetit hass, dann istat schon alle. Aber wennet Graupensuppe gippt oda Wurzeln durcheinander, dann gippet imman ganzen Pott voll, dann kannze essen sifiele willz, ohne datti Olle watt sacht. Siehsse, Anton, un deswegn ess ich lieba Graupensuppe un Wurzeln als Schwainebratn und Gehacktet«.

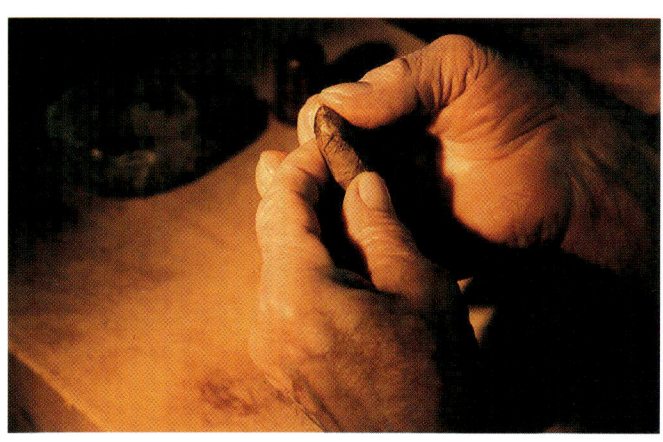

Zigarrenkiste Deutschlands – so nannte man den Raum um Bünde und Lübbecke im Ravensberger Land. Tausende von Frauen und Männern waren früher mit dem Zigarrenrollen und -wickeln beschäftigt.

Natürlich hat inzwischen auch die industrielle Fertigung in die großen Zigarrenfabriken Einzug gehalten. Dennoch hat sich die Heimarbeit des Zigarrenwickelns und -rollens erhalten. Ohne Handarbeit lassen sich die höherwertigen Qualitätszigarren nun einmal nicht herstellen.

och vor nicht langer Zeit kamen die Bauern und Reitersleute mit ihren Pferden zum Schmied. Heute ist es vielfach umgekehrt. Die Schmiede sind mobil geworden. Jedenfalls in vielen Fällen.

Sie kommen mit ihrem Handwerkszeug in die Reiterställe
oder auf die Höfe und arbeiten an Ort und Stelle.

Auch bei den Waldbauern und den Forstbeamten in Westfalen wird Umweltbewußtsein heute groß geschrieben. An die Stelle v

...toren treten in den Wäldern zum Holztransport zunehmend die »Rückepferde«.

Lippe und der Lipper

Das ehemalige Fürstentum und der spätere Freistaat Lippe gehören erst seit den 40er Jahren zu Nordrhein-Westfalen und zum Landschaftsverband Westfalen-Lippe. Nach Meinung der Lipper ist Lippe nicht nur eine reizvolle Landschaft zwischen Oberweser und Teutoburger Wald, nicht nur ein Kreisgebiet im westfälischen Osten. Die Lipper meinen, Lippe sei eine wohldosierte Mischung von Sparsamkeit, Mutterwitz, Pfiffigkeit und Intelligenz. Lippe ist eine Weltanschauung. Das kommt auch in vielen Anekdoten und Anekdötchen zum Ausdruck.

Als nach dem zweiten Weltkrieg der Freistaat Lippe aufgefordert wurde, sich einem größeren politischen Verband, entweder Niedersachsen oder Nordrhein-Westfalen, anzuschließen, erklärte der damalige lippische Landespräsident Heinrich Drake: »Wir entscheiden uns auf jeden Fall für denjenigen, der uns unser Vermögen läßt und unsere Schulden übernimmt«. Und als der lippische Landespräsi-

sachsen mit einer Flasche Korn. Der Ministerpräsident von Nordrhein-Westfalen brachte ein Stück westfälischen Schinkens mit. Und es erschien der lippische Landespräsident. Der brachte seinen Bruder mit. Als der nordrhein-westfälische und der niedersächsische Ministerpräsident einmal abends drei Stunden mit dem lippischen Landespräsidenten in dessen Wohnung verhandelt hatten, verblüffte er sie mit der Frage, was sie von einer kleinen Erfrischung halten würden. Die Mienen der beiden erschöpften Herren hellten sich erwartungsvoll auf. Da öffnete der lippische Landespräsident das Fenster und ließ die kühle Nachtluft ins Zimmer.

Die Lipper können über sich selbst lachen. Alle Kochrezepte der Welt beginnen mit den Worten: »Man nehme…« Ein lippisches Kochrezept beginnt: »Man leihe sich…«

Ein Lipper schlendert mit seinem Söhnchen durch die Budenreihen von Wilbasen in der Nähe der Stadt

Ostwestfalen-Lippe gilt als Zentrum der deutschen Möbelindustrie. Neben der Massenfertigung hat aber das handwerklich gearbeitete Möbelstück nichts von seiner früheren Bedeutung verloren.

sident vor der Währungsreform mit den Ministerpräsidenten von Niedersachsen und Nordrhein-Westfalen über den Anschluß Lippes an eines der beiden Länder verhandelte, ging es bei diesen Zusammenkünften, was die Bewirtung betraf, sehr kärglich zu. Schließlich wurde angeregt, daß beim nächsten Treffen jeder etwas mitbringen sollte. So erschien also der Ministerpräsident von Nieder-

Blomberg, dem größten Krammarkt Norddeutschlands. Plötzlich heften sich die Augen des Knaben begehrlich auf ein großes Glas mit grünen Bonbons. Nach einigem Zögern läßt sich der Vater eine Auswahl dieser Bonbons vorlegen, vergleicht sorgfältig ihre Größe, prüft in der Hand abwägend das Gewicht und kauft schließlich, während seinem Sprößling das Wasser im Munde zusammenläuft, einen

»Sin Schau, de waßt üm opm Boom« – seine Schuhe, die wachsen ihm auf dem Baum, so heißt es in einem alten Lied. Tatsächlich leisteten die Holzschuhe gute Dienste nicht nur auf den Höfen. Heute gehört das Tragen von Holzschuhen nicht gerade zum letzten Modeschrei. Dennoch sind die alten Holzschuhmacher nicht ganz vergessen, die in handwerklicher Arbeit die Schuhe aus Rundhölzern von Erle, Weide, Pappel oder Birke arbeiten.

einzigen. Das Söhnchen schiebt den Bonbon in den Mund, lutscht genüßlich. Die kleine Süßigkeit wird kleiner und kleiner, löst sich leider endlich auf. Der Sprößling starrt von neuem auf das volle Glas, doch der Vater zieht ihn fort: »Komm weiter, die anderen schmecken genauso!«

Was tut ein Lipper, dem die Braut mit einem anderen davongelaufen ist? Er bietet dem Nebenbuhler auch den Verlobungsring aus zweiter Hand an.

Bei dem Lipper Erwin Buschemüller hat sich Nachwuchs eingestellt. Der junge Vater geht zum Standesamt und verkündet dort: »Ich möchte die Geburt eines Sohnes melden!« Man gratuliert ihm herzlich, füllt einen Fragebogen aus, stempelt hier, stempelt da... Zuletzt unterschreibt der junge Vater und greift zögernd zur Geldbörse. »Und was kostet das?« »Das kostet nichts«, wird ihm gesagt. »Also, wenn das so ist«, atmet Buschemüller erleichtert auf, »dann möchte ich auch gleich den Zwillingsbruder mitanmelden«. Der Fürst von Lippe-Detmold hat ein neues Reitpferd erstanden und versäumt nicht, dem Gaul den ersten Hafer im Fürstlichen Marstall höchst eigenhändig in die Krippe zu streuen. Dabei gleitet ihm der Fürstliche Siegelring vom Finger, der Gaul schnappt zu, der Ring ist weg. Der Stallknecht Johann wird hinter dem Gaul auf einen Schemel postiert mit dem Auftrag, das Wiederauftauchen des Ringes zu überwachen. Nach Stunden erkundigt sich der Fürst: »Na, wie steht es, Johann?« Johann schnellt

empor und meldet hoffnungsvoll: »Der Ring muß jeden Augenblick erscheinen, Durchlaucht. Die letztgefallenen Äpfel trugen schon das Fürstliche Siegel«.

»Ich hätte Ihrem Mann ein noch längeres Leben gewünscht«, beteuert die Nachbarin. »Ja«, schluchzt die Witwe, »wo doch die Medizin noch vierzehn Tag gereicht hätte«.

In der Stadt Freudenberg im Siegerland ist es gelungen, das durch Fachwerkbauten geprägte Stadtbild zu erhalten und doch

nliche und wirtschaftliche Nutzung dieser Bauten zu verbessern.

Der Siegerländer

Der Siegerländer war immer mißtrauisch gegenüber Fremden. Der Grund liegt vermutlich darin, daß es den Hüttenleuten und Hammerschmieden im Siegerland generationenlang unter Androhung der Todesstrafe verboten war, außer Landes zu gehen oder Fremden etwas von der Kunst der Eisenbereitung zu zeigen. Bis heute ist es in der Regel nicht leicht, mit Siegerländern in engen Kontakt zu kommen. Schon früh schrieb man über sie, daß sie trocken und zurückhaltend gegenüber Unbekannten seien. Aber auch: »Feinheit der Sitten, oft mit Falschheit verknüpft, findet man hier selten. Im Gegenteil gesellt sich

Im Sauer- und Siegerland — schiefergedeckte Dächer und Fassaden. Oft stehen sie unter Denkmalschutz.

Schiefer wird in großen Blöcken in Schiefer-Bergwerken gebrochen, maschinell in kleine Blöcke gespalten und mühsam von der Hand zu Platten verarbeitet.

hier zur Aufrichtigkeit und Ehrlichkeit eine lakonische Sprache und eine gewisse Ungeschliffenheit. Man könnte eher sagen, der Siegerländer sei grob, aber ehrlich, als er sei fein, aber falsch«.

Im Siegerland wird man kaum erleben, daß sich Verwandte bei der Begrüßung um den Hals fallen und küssen, auch wenn sie sich lange nicht gesehen haben. Sie geben sich schlicht die Hand, aber dem Händedruck merkt man an, welche Bedeutung man ihm beimißt.

Der Siegerländer hat keine Untergebenen-Natur. Man sprach abfällig über Auswärtige, die einen »Buckel« machten. Auch Vorgesetzten trat man aufrecht gegenüber. Die Anrede »Gnädige Frau« hätte für einen Siegerländer unmöglich geklungen. Wörter wie »gestatten«, »erlauben« und selbst »bitten« waren keine Begriffe der Siegerländer Mundart.

Westfalen singt

Wenn man mit offenen Ohren durch Westfalen wandert, dann wird schnell ein Vorurteil ad absurdum geführt, nämlich jener Satz, der da besagt: »Westfalia non cantat«, auf gut Deutsch, die Westfalen seien unmusikalisch, amusisch oder gar unromantisch. Nicht nur die Nordwestdeutsche Musikakademie als Musik-Hochschule des Landes Nordrhein-Westfalen mit Sitz in Detmold, die Landeskirchen-Musikschule in Herford oder auch die Musiktheater in den westfälischen Großstädten und die vielen Musik- und Gesangvereine beweisen das Gegenteil. Auch viele westfälische Komponisten, Dichter und Interpreten. Die Landschaft mit Bergen, Tälern und Flüssen verleitet zur Sentimentalität. Es ist so anheimelnd.

So verschieden wie die einzelnen westfälischen Landschaften, so ist auch die Musik. Manchmal weiß man gar nicht so recht, wo man sie einordnen soll. Ist es Unterhaltungsmusik, ist es Volksmusik oder liegt es zwischen beiden?

Auf jeden Fall spricht aus allen Liedern die Liebe zur westfälischen Heimat. Selbst dann, wenn man sich fragen muß, ob Schlagertitel wie etwa »Der Mond von Wanne-Eickel« zum Image einer Stadt beitragen. Selbst die Kanalstadt Datteln, wo sich vier Kanäle, der Dortmund-Ems-Kanal, der Rhein-Herne-Kanal, der Datteln-Wesel-Kanal und der Datteln-Hamm-Kanal kreuzen, erhielt einen eigenen Schlager: »Komm mal mit zum Dattelner Kanal«. Und auch die kleine Ortschaft Helpup zwischen Bielefeld und Detmold im Lipperland ließ für ihre Freiwillige Feuerwehr einen eigenen Marsch komponieren, den Feuerwehr-Helpup-Marsch.

Westfälischer Schmelztiegel

Nicht, wer sich abschließt, ist stark, Stärker ist der Aufgeschlossene, er erneuert sich über alle Inzucht hinweg. So war und ist das Ruhrgebiet der große Schmelztiegel, in dem Eingesessene sich mit den Zugewanderten und Gästen mischten. Es gibt nur wenige Familien im Ruhrgebiet, die im dritten Glied das Taufwasser der Ruhr oder Emscher in ihre Wiegen tropfen ließen. Aber nie war das Ruhrgebiet eine bloße Addition von Menschen, ein Adressbuch alter und neuer Familien. Wer hierhin verschlagen wurde, den nahm die Region mit ihrem stürmischen Wachstum in die Mangel und walkte ihn durch. Und taten die Alteingesessenen, die »hochehrenwerten Notabeln«, das »Patriziat der Geborenen«, auch noch so exclusiv, Söhne und Töchter mischten sich doch, und das Ruhrgebiet sog den ständigen Landregen der Schlesier, Sachsen, Thüringer, Pommern und Süddeutschen auf wie ein Schwamm und verarbeitete sie mit großem Durst. So ging vom Ruhrgebiet ein starker Sog auf das deutsche Hinterland aus, ja auch auf Länder außerhalb Deutschlands, in denen Gastarbeiter angeworben wurden. Die Buntheit des Lebens, die wirtschaftliche Kraft und die gemütliche Atmosphäre zogen sie unwiderstehlich an und schluckten sie. Immer wieder erwies es sich, daß das Ruhrgebiet eine unerschöpfliche Kraft der Assimilierung besaß. Die starke Eigenart der Fremden wurde rasch in eine eigene westfälische Art verwandelt. Da wurden Pommern, Schlesier, Franken, Schwaben oder, woher sie auch kommen mochten, echte Westfalen, die mit tiefer Liebe an ihrer Wahlheimat hängen.

Und auch nur so ist zum Beispiel das Weserlied oder das in Arnsberg im Sauerland entstandene »Nun ade, Du mein lieb' Heimatland« zu verstehen. Die Westfalen sind für deftige Kost bekannt. Was für die Bayern Brezeln und Weißwurst, das bedeutet für die Westfalen Schnaps und Vollkornbrot. Und das schlägt sich auch im Lied nieder. Nicht zuletzt wegen der typischen westfälischen Gerichte verbringen viele Bundesbürger und auch Ausländer, vor allem Niederländer, ihren Urlaub in Westfalen. Ob Sauerkraut mit Eisbein oder dicke Bohnen mit Speck und der in aller Welt bekannten westfälischen Mettwurst, oder wie die westfälischen Gerichte alle heißen mögen, sie haben ihre Liebhaber. Und wenn dann der Bielefelder Kinderchor noch singt: »Wenn hier een Pott mit Baunen steit«, dann läuft das Wasser im Munde zusammen.

Westfalen hat sich zu einem der bedeutendsten deutschen Wirtschaftsräume entwickelt. Die Herstellung neuer Produkte erforde

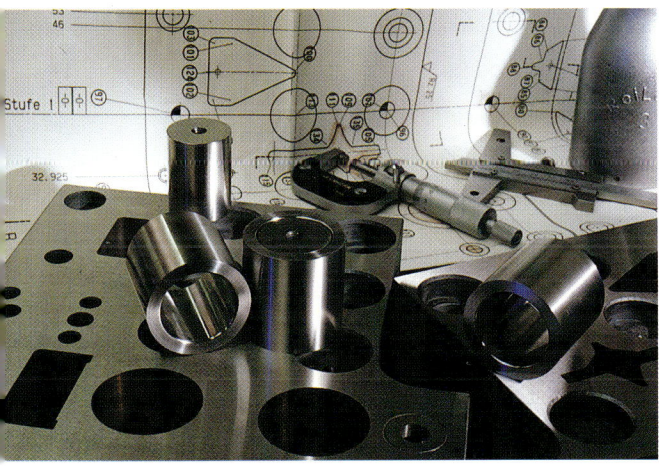 

 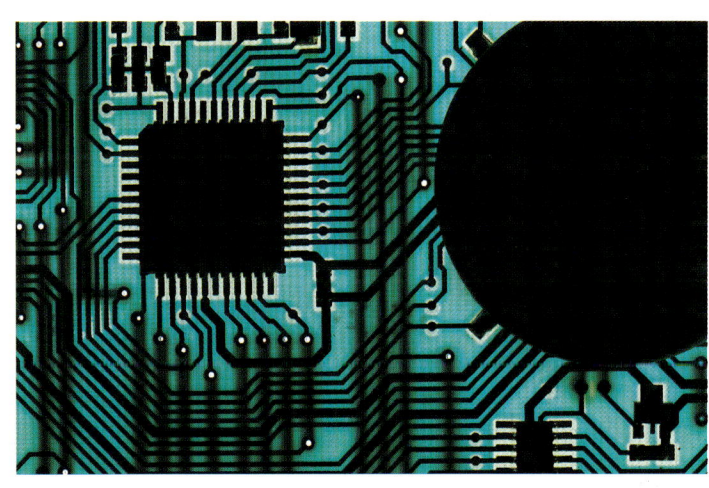

e Berufe. Westfalen hat sich dieser Herausforderung gestellt.

Westfälisches Ruhrgebiet

Das Bild des westfälischen Ruhrgebietes, des »Reviers«, das Levin Schücking 1841 »die Krone unseres Vaterlandes« nannte, hat sich erheblich gewandelt.

Die Ruhr, der Fluß, dem das Ruhrgebiet seinen Na-

Es war der treue Kamerad des Kumpels – das Grubenpferd

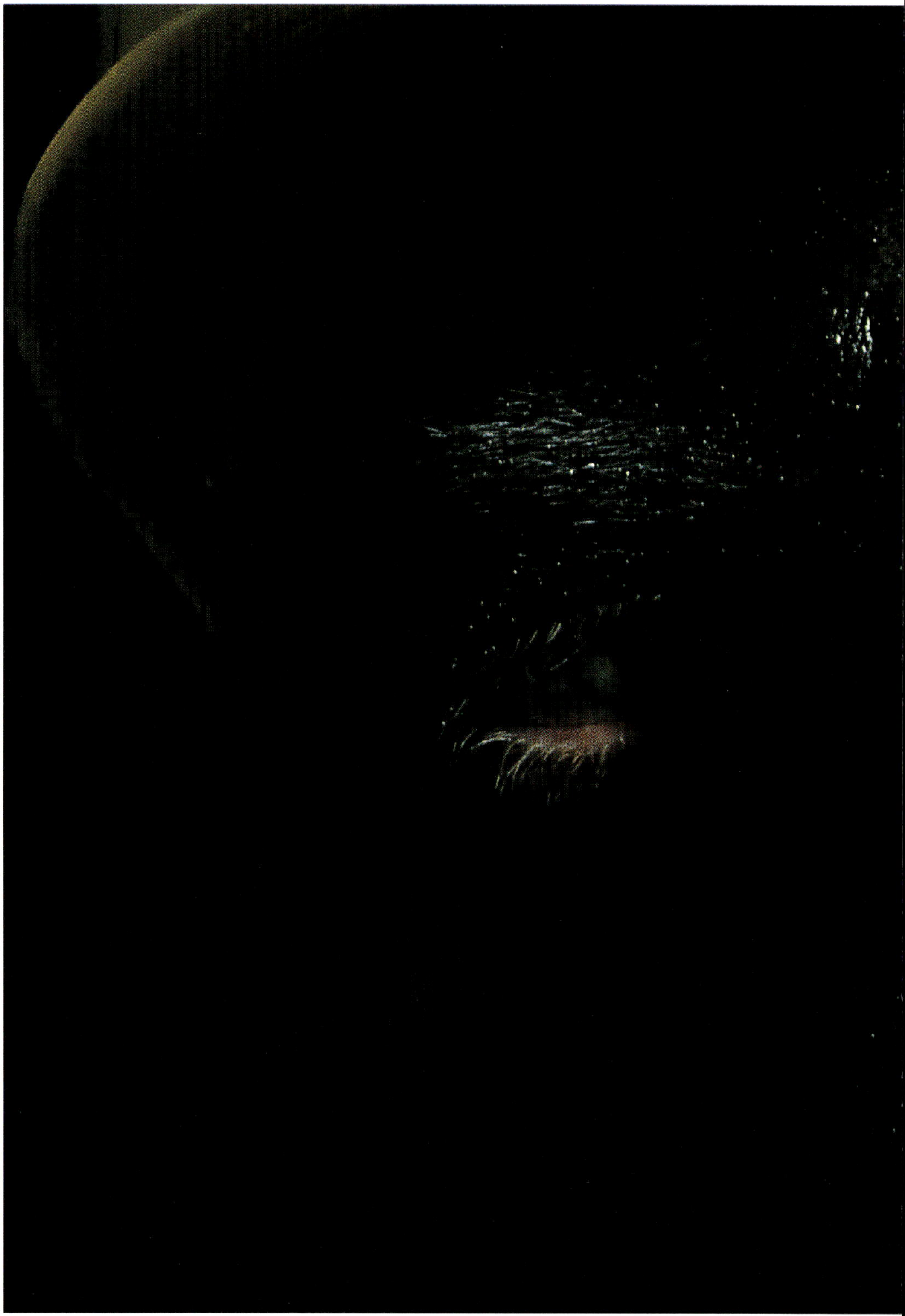

men verdankt, entspringt 664 Meter über dem Meeresspiegel am Ruhrkopf im Rothaargebirge. Sie ist 235 Kilometer lang und mündet bei Duisburg-Ruhrort in den Rhein. Das größte europäische Industriegebiet steht nicht zum erstenmal im Wandel. Die Region zwischen Ruhr und Lippe wandelt sich seit 1850 zum fünftenmal. Und wiederum von Grund auf. Gegenwärtig hat sie einen Zustand erreicht, in dem sie sich von ihrer Umgebung nur noch durch eine dichtere Besiedlung unterscheidet. Bochum, Gelsenkirchen oder Dortmund sind Städte wie viele andere. Bis 1958 hatten die Ruhrstädte ein negatives Image.

Das Ruhrgebiet ist aber heute nicht die größte Pop-Art der Welt, von der Jahrhundertwende wild zusammengeklebt. Der Irrgarten der Industrie, die schwarze Metropolis, wurde durchforstet und geordnet. Die Dunstglocke, das letzte rußige Requisit, ist fast abgezogen. Schablonen vom Ruhrpott gelten nicht mehr. Dennoch wird das Ruhrgebiet immer

andere über, ohne Zentrum, ohne Peripherie. Die »Süddeutsche Zeitung« meinte: Viele Städte gehören zum Ruhrgebiet. Große Städte. Häßliche Städte. Im Laufe der Jahre sind sie ineinander übergelaufen wie ein Kuchenteig, der die Form gesprengt hat.

»Frankfurter Allgemeine Zeitung«: Die Landschaft an der Ruhr hat etwas Prähistorisches. Sie liegt vor unseren Augen wie eine Ablagerung des 19. Jahrhunderts, ungeordnet, vulkanisch... Jeder einzelne Flecken beleidigt das Auge. Nichts hängt zusammen... Eigentlich sind diese halbstarken Möchtegern-Städte Niemandsland zwischen Städten und Gleisanlagen, Pferche inmitten von Abraumhalden, Fördertürmen und Gehedder von Industrie: Ghettos, Labyrinth, Knäuel, Kuchenteig, Haufen, Brei, Ablagerung, Gehedder, Pferch. Mithin: Pott.

Der Kumpel wird nach wie vor als Seele des Reviers angesehen. Er arbeitet hart und gefährlich.
Oft muß er erschöpft in der Tiefe auf den Förderkorb warten, der ihn wieder an das Tageslicht zurück-

wieder diffamiert, bis in unsere Tage. So schrieb das »Sonntagsblatt«: Wer als Fremder ins Revier kommt, stößt auf ein Labyrinth von Stein, Asphalt, Stahl und Beton, auf ein Knäuel von Straßen, Wegen, Schienen. Kein Anfang, kein Ende ist da; unter einem Himmel aus Ruß und Rauch, der binnen zwölf Monaten jede Gardine zerfetzt, geht eine Stadt in die

bringen wird. Wenn auch im eigentlichen westfälischen Revier viele Zechen stillgelegt wurden, dringt der Bergbau dennoch in neuerschlossene Gebiete nach Norden in das Münsterland vor.

Angeln, Ruhe und nochmals Ruhe. Neben der Taubenzucht ein beliebtes Hobby der Menschen im Ruhrgebiet. Es ist nicht weit bis

Flüssen und Kanälen.

Es ist nicht nur die Freude am Sport, die die Menschen am Wochenende auf die Rennplätze des westfälischen Reviers, wie etwa

senkirchen, treibt. Das Wetten gehört dazu.

Wenn auch Heinrich Böll einmal schrieb: »Nur selten dringt die Sonne durch die Dunstglocke, und dieser Raub geschieht seit einem Jahrhundert«, dann glaubten es viele.

Wenn man diese Stimmen ernst nehmen wollte, dann ist das Ruhrgebiet farblos und strukturlos, kulturlos und geschichtslos. Das Ruhrgebiet hatte es schwer, seine Identität zu finden. Dabei hat es eine Geschichte, die so bunt und so alt ist wie die deutsche selbst, die ungleich bunter wurde. Emscher, Ruhr und Lippe — diese drei Namen zum Beispiel sind älter als dreitausend Jahre. 1958 gab es eine Art von ganz neuer Krise für das Ruhrgebiet.

Halden, hohe schwarze Halden, versperrten den Blick in die Zukunft. Feierschichten erschreckten die Bergleute. Stillegungen von Zechen, berühmter alter Schachtanlagen, machten den Vorgang zu einem Politikum. Schlagzeilen aller Art beherrschten die Zeitungen: Das Ruhrgebiet nimmt weniger Steuern ein. Revier verliert an Boden. Wirtschaft im Revier bleibt zurück. Kohlestädte am Schluß der Tabelle. Wenn die Kohlen nicht mehr stimmen. Wieder Feierschichten. Die Habenichtse an der Ruhr.

Das Revier ist krank. Das Ruhrgebiet soll saniert werden. Entwicklungshilfe für das Ruhrrevier?

Dennoch blieb die 1958 von vielen prophezeite Ruhrflucht aus. Trotz der Wirtschaftslage, trotz zahlreicher Nachteile verloren die Ruhrgebietstädte ihre Bürger nicht. Sie blieben und wollten ein widerstandsfähiges Ruhrgebiet schaffen. Allzu lange hatte das Ruhrgebiet seinen schwarzen Besitztümern alles zugetraut. Man begann, bewohnbare Städte zu schaffen, neue Arbeitsplätze und andere zukunftsträchtige Gewerbe, mehr Industriegelände, breitere Verkehrswege und reinere Luft. Inzwischen ist das Ruhrgebiet dauerhaft geworden, kreditwürdig und menschlich. Menschlich, weil sich nicht mehr ein einzelnes Gewerbe hervortut, sondern heute die Vielfalt dessen vertreten ist, was Menschen tun und herstellen können. Es ließen sich verarbeitende, veredelnde, verkaufende Gewerbe nieder. In den letzten Jahren wuchs im Bereich der Industrie- und Handelskammer Dortmund nicht die Stahlerzeugung am meisten, sondern der Maschinenbau. Die Elektro-Industrie hat ihre Beschäftigtenzahl stark erhöht. Im gesamten Ruhrgebiet arbeiten seit 1966 in den alten Standard-Industrien, die unmittelbar auf Kohle und Stahl basieren, zum erstenmal weniger als in den verarbeitenden Industrien. Das Revier ist ins Gleichgewicht gekommen.

Eindrücke beim Durchreisen genügen nirgends. Im Ruhrgebiet verbergen sie alles. Durchfahrtsstraßen und Schienenstränge durchschneiden Zentren der Industrie, Gewerbe konzentrieren sich an den Verkehrswegen. Das Ruhrgebiet bietet alles an, was es an Fabriken an die Gleise heranschieben kann. Der Reisende in der Eisenbahn denkt: Aha, das Revier. Dabei ist von den Revierstädten alles andere zu sehen als die Wasserburgen Schloß Horst, Haus Lüttinghoff, Haus Achtermberg, Haus Hamm, Schloß Grimmberg und Schloß Berge samt ihren Parks. Die Autobahn, die Bundesstraße 1 und die Ost-West-Schienen laufen nun einmal nicht mitten durch die vielen zoologischen Gärten.

Die Taubenzucht hat vor allem im Ruhrgebiet eine lange Tradition. Rennsport des kleinen Mannes, so nennt man es, wenn die Tauben irgendwo, meist einige hundert Kilometer vom Heimatstall entfernt, aufgelassen werden, um dann möglichst schnell ihren Taubenschlag zu erreichen.

Gerade die Ruhr ist eines der schönsten deutschen Flußtäler. Wer in der Landschaft an der Ruhr Teig, Brei oder Ablagerungen erkennt, hat diese Landschaft nicht gesehen. Sanft geschwungene, buchenbewaldete Hügel umrahmen

Bahnwärter-Häuschen der zahlreichen Werksbahnen im Ruhrgebiet — nicht nur Arbeits-, sondern auch Lebensraum.

Fluß- und Seeflächen — unbestritten erfüllt das noch immer die klassische Vorstellung von schöner deutscher Landschaft. Die achtstufige Treppe künstlicher, gestauter Ruhrseen hat

Trinkhallen — typisch für das Ruhrgebiet. Treffpunkt nach der Arbeit, wo bei »Schluck« und Bier nicht nur über Politik diskutiert oder »geschwartert« wird.

an ihren Seiten fast keine Fabriken, um so mehr Campingplätze, Bootshäuser, Wanderwege. 240 Kilometer lang sind die Wanderwege allein in Dortmund. Mehrere tausend Bauernhöfe liegen im Ruhrgebiet. Die Bochumer Statistik weist 54 Prozent des Stadtgebietes als Grünland aus, die Gelsenkirchener 58 Prozent. Die Zahl der Gärten ist im Ruhrgebiet im Vergleich zur Einwohner-Zahl viermal so groß wie im übrigen Bundesgebiet. Vom Buchenwald aus Kaiser Karls Hellwegzeiten gibt es immer noch stattliche Bestände. Fünfzehn Millionen Besucher zählt man jährlich rings um die 220 Hektar große Wasserfläche des Halterner Sees, der am Nordrand des Ruhrgebietes mitten in der sandigen Haard liegt. Viele Freizeitparks entstanden in den letzten Jahren. Die Ruhrstädte machen einander nicht nur in der Geldwirtschaft, sondern auch in der Grünwirtschaft Konkurrenz.

Ruhr-Großstädte, die lange Mühe hatten, sich als Städte zu begreifen, besaßen schon früh repräsentative Häuser für Oper und Theater, eigene Orchester.

Versuch einer Deutung westfälischer Eigenschaften

Immer mit der Ruhe und einer guten Zigarre – ist nicht nur als Werbeslogan der ravensbergischen Zigarrenmacher zu verstehen. Es umschreibt die Haltung der Menschen in dieser Landschaft. Den Lippern sagt man eine gewisse Gelassenheit, einen epischen Charakter und eine solide Zuverlässigkeit nach. Böse Zungen behaupten, sie seien geizig. Selbst die Schotten werden als die wegen Verschwendungssucht aus dem Lipper-Land Vertriebenen bezeichnet. Die Lipper, so heißt es, seien so sparsam, daß sie mit anderen Frauen ausgehen, um die eigene zu schonen. Eine Unzahl von Anekdötchen und Witzen kursiert in dieser Richtung. Richtig ist, daß die Lipper, wie die Westfalen überhaupt, sparsame Leute sind. Nicht von ungefähr befindet sich in Detmold die älteste deutsche Sparkasse. Die Lipper sind gewissermaßen Fanatiker der Solidität.

Allen Westfalen gemeinsam sind Traditionsliebe, bürgerlicher Gemeinsinn und Gewerbefleiß. Sie sind fleißig, weil sie leben wollen, und sie sind schwierig, weil sie den Wert ihrer Arbeit nicht unterschätzen. Sie handeln nicht im Gleichschritt. Der Westfale ist stetig. Niemals den zweiten Schritt vor dem ersten tun. Keine Hektik, immer behut-

18 – 20 – Kontra – Re. Skat gehört zu den beliebtesten Freizeitbeschäftigungen — zu Hause ode
hilft das Deutsche Skatgericht in Bielefeld.

sam, nicht Utopien nachhängend. Der nüchterne Sinn bewahrt vor Experimenten. Man hält sich an die Wirklichkeit. Es wird viel von Tradition gesprochen, aber sie orientiert sich am Menschen der Gegenwart.

Es bleibt ein etwas fragwürdiges Unterfangen, die Menschen einer Landschaft mit pauschalen Formulierungen zu charakterisieren. In seinem politischen Testament bestätigte Friedrich der Große den Bewohnern von Minden, sie hätten Geist und seien das beste Volk der Welt: arbeitsam, erwerbstätig und treu, allerdings fehle ihren Edelleuten der Schliff des Weltmannes. Von den Westphälingern insgesamt meinte er an anderer Stelle, daß sie nie zu Zank geboren seien.

Wer heute in Westfalen nur wenige Wochen weilt, wird feststellen, daß Behauptungen nicht stimmen, nach denen die Menschen in Westfalen ihre Individualität verloren, daß sie ihre metaphysischen Bezogenheiten verwässert hätten, daß sie Masse geworden seien, daß es kaum noch Originale, keine Diskutierstammtische, keinen Volkshumor gebe, daß sie ihre landschaftsgebundene Eigensprache nicht mehr achteten, Volkstänze nur noch für das Fernsehen einstudierten und das ehedem so stark gewordene Bürgerbewußtsein verloren hätten. Die Tatsachen widerlegen derart unsinnige Behauptungen.

nächsten Kneipe. Dabei geht es hin und wieder sehr ernst zu. Wenn man nicht mehr weiter weiß,

Die Westfalen sind stolz auf ihre Erfolge, aber sie sind nicht selbstgefällig. Und neben dem ihnen eigenen geschäftstüchtigen Sinn haben sie ein Herz für die schönen Dinge dieser Welt. Kunsthäuser, Museen, Theater und Orchester sind ein Beispiel dafür.

Die aus anderen deutschen Landschaften nach Westfalen verschlagenen Menschen haben sich voll assimiliert. Sie sind ebenso dickköpfig geworden wie die Ureinwohner. Die Behauptung aber, daß ein Westfale, wenn man mit einem Holzhammer auf seinen Schädel schlägt, »Herein!« ruft, ist übertrieben.

»Sie sind keine Messerstecher«, so wurden die Westfalen von einem Durchreisenden beschrieben. »Gebe es tatsächlich einmal eine Messerstecherei, dann sei bestimmt kein Sohn Westfalens daran beteiligt.« Diese Beschreibung ergibt eine ganze Reihe von Eigenschaftswörtern, etwa: undramatisch, verträglich, solide, besonnen, nicht emotional, sich zähmend, das Recht bejahend, alles Radikale abwehrend. Andere Übelwollende könnten schnell hinzufügen: langweilig, schwerfällig, temperamentlos. Von allem ist etwas dran.

»Der Westfale ist abgeschlossen wie sein Haus und seine Wohnung«, so hat schon mancher Neubürger geklagt. Und das mit einer gewissen Verwunderung, weil er auf der anderen Seite, etwa auf der Arbeitsstelle, den Westfalen als freundlich toleranten Partner kennengelernt hat, der den Fremden, sofern er etwas kann, mit Selbstverständlichkeit gelten läßt.

Heilgarten Deutschlands. So nennt man auch die Landschaft am Teutoburger Wald und am Eggegebirge wegen der Konzentration von Kurorten und Heilbädern. Theophrastus Bombastus von Hohenheim, genannt Paracelsus, der große Naturarzt des Mittelalters (1493-1541) nannte die Heilquelle die natürlichen Composita Gotte: vollkommener an Tugend und Kraft als alles andere. Moderne Bäderwissenschaft hat diese intuitive Weisheit voll bestätigt.

hält es der Westfale lieber mit Gründlichkeit und Fleiß. Nicht Trägheit nämlich ist es, nicht Bequemlichkeit, was ihn so ruhig macht und beharrungsfähig, sondern zupackender Realismus. Der Forderung des Tages gerecht zu werden, nicht unwillig, sondern bejahend zu arbeiten, eher nach Bewährung als nach Beurlaubung strebend, das kennzeichnet den Westfalen. Daraus ist auch seine, den Fremden oft verblüffende Zuverlässigkeit zu erklären. Er entscheidet sich zögernd, vorsichtig, aber dann bleibt er bei seiner Entscheidung mit eiserner Treue.

Die Zufriedenheit des Westfalen ist nicht von Spitzweg art. Für Romantisches oder gar Sentimentales hat er wenig Sinn, aber auch sein Humor ist leise, fast unhörbar. Aber er hat Gemüt. Er ist kein Materialist, wie man bei flüchtigem Hinschauen meinen könnte. Er verbirgt nur, was ihn bewegt, und auch das, was er glaubt. Die Nüchternheit des Westfalen ist keine Seelenlosigkeit. Hier paart sich das Strenge mit dem Zarten. Und es ergibt einen guten Klang.

Zur Ganzheitstherapie in den westfälischen Heilbädern gehört ruhiges Verweilen, das die Möglichkeit der Selbstbesinnung bietet.

Vielleicht ist diese Verschlossenheit aus der ländlichen Herkunft des Westfalen abzuleiten. Die Isolierung nach außen, das bewahrende Festhalten an Besitz und Familie nach innen, war von altersher Gesetz. Es ist auch heute noch schwer, als Gast in die Wohnung eines Westfalen zu gelangen. In sein privates Reich will er so ohne weiteres keinen hineingucken lassen. Sein Eigenstes will er ungeteilt und unkontrolliert für sich behalten. Und ähnlich hält er es mit dem eigenen Inneren: So leicht darf da niemand hineinsehen. Aber, wenn man sein Vertrauen gewonnen hat, dann wird es einem auch mit Unbedingtheit und Stetigkeit zuteil. Eine freundliche Harmonie, ungetrübt von Leidenschaften, schenkt Heimat und bremst den Schritt in lockende Bindungslosigkeit. Das Konservative dominiert, manchmal bis zum Exzess, wenn man an den bis ins Groteske gehenden Kampf der Weber gegen die Industrialisierung denkt. »Rerum novarum non cupidus«, wie Tacitus schrieb, »auf das große Neue nicht erpicht«, nicht sonderlich beweglich, nicht erfinderisch oder schöpferisch, aber auch nicht unbedacht. So

Musik und Tanz wurden schon in der Antike als Therapie empfohlen. Heute auch: Treffpunkt der Kurschatten.

Landschaft im Paderborner Land: sie wechselt ständig ihr Gesicht.

»Westfälischer Himmel« – so stellt sich der Westfale Glückseligkeit vor.

Dieter Thoma

Westfalen aus der Ferne

Also, da sitze ich nun in Köln am Rhein, fühle mich da auch sehr wohl, und denke an Westfalen. Nicht nur, weil mich der Verleger dieses Buches aufgefordert hat, dieses zu tun. Es wäre zwar sicher übertrieben, wenn ich behauptete, ich dächte immer daran. Aber ich tue es freiwillig. Westfalen ist schließlich meine Heimat, Feld jugendlicher Wander- und Studienjahre. Daran denkt man gern. Ich müßte mal wieder hinfahren, mir richtig Zeit nehmen, um Erinnerungen zu streicheln und Bilder aufzufüllen. Ich werde es bald einmal tun. Das nehme ich mir schon seit vielen Jahren vor.

Im Winter denke ich an Grünkohl, an dicke Bohnen, an Wurstebrot und Töttchen und an Herdfeuer. Obwohl sie nicht praktisch sind, diese Herdfeuer, habe ich mir in Westfalen erzählen lassen. Vorne schwitzt man und hinten klappert man mit den Zähnen. Das ist westfälischer Humor. Daß bei manchen Bauern dann immer noch oben Schinken im Rauch hängen, macht Herdfeuer noch sympathischer.

Im Sommer denke ich an Pättkes-Fahrten im Münsterland, mit dem Fahrrad von Wasserburg zu Wasserburg. Von einer zu einer anderen erstmal, um dort gemütlich einzukehren. Diese westfälischen Wasserburgen gehören für mich zum Feinsten in deutschen Landen. Leider habe ich einige bisher nur einmal gesehen.

Mein Vater, Germanist und begeisterter Münsteraner, hat 1909 eine Schrift veröffentlicht, die ich nicht nur aus Pietät verwahre. Sie trägt den aufrüttelnden Titel: »Westfalens Anteil an der Dichtung der Befreiungskriege«. Und darin steht von einem Dichter namens Theobald Wilhelm Broxtermann, 1770 in Osnabrück geboren:

»Westfalia, Du Name, der die Seele
mit Tatendrang erfüllt.
Wo schläge ein Herz, das nicht bis an die Kehle
bei diesem Klange schwillt.«

Das ist mein Problem. Meine Seele füllt sich mit Tatendrang, wenn auch nicht immer bis zur Kehle, weil ich die noch für anderes brauche. Aber ich fahre zu selten hin. Heimat! Westfalen! Warum nicht? Habe ich Angst, die Wirklichkeit könne der Schönheit meiner Erinnerungen Abbruch tun? Neulich habe ich in einem westfälischen Kalender ein Bild mit der Unterzeile gesehen: »Heimkehrende Schafherde in Westfalen«. So ein kleines heimkehrendes Schaf, das müßte man einfach sein können.

In Gedanken und mit geschwollenem Herzen stehe ich oft vor Sankt Patrokli in Soest oder an den fabulösen Paderquellen. Dort ordne ich meine historischen Erinnerungen an die Gründung des heiligen römischen Reiches deutscher Nation, die dort beschlossen wurde. Und mit der Historie bin ich dann ganz schnell in Münster im Friedenssaal. Bei den Jubiläumsfeiern für den Westfälischen Frieden scheint mir ein Thema zu kurz gekommen, nicht genug gefeiert worden zu sein. Im Vertrag zu Münster und Osnabrück wurden zum ersten Mal Menschenrechte formuliert, zum Beispiel das Recht, sein Heimatland frei wählen zu können. Das wurde aufgenommen in die Verfassungen der beteiligten Länder, so daß sich die Bürger fortan darauf berufen konnten. Das hat zwar nicht immer geholfen; aber was einmal so beschrieben ist – wir haben es in unserer Zeit erlebt – wirkt fort und wird irgendwann wieder mächtig. Die verständliche Freude und Erleichterung über den endlich errungenen Frieden wird schnell zur Gewohnheit, die Menschenrechte bleiben.

Noch eine andere historische Erinnerung ist vergessen worden, hätte im Jahre 1990 aktuell werden können: Das Hermanns-Denkmal im Teutoburger Wald. Man muß es ja nicht für ein Kunstwerk halten, es ist groß ohne Größe, und es steht zudem am falschen Platz. Weil keiner weiß, wo der richtige ist. Immerhin wurde das Denkmal 1875 von Kaiser Wilhelm I. als »Sinnbild deutscher Einheit« gefeiert und eingeweiht. An die Stelle dieses Symbols sind dann bemalte Mauerreste aus Berlin getreten. Wenn aber erst die Berliner Mauer endgültig auf die Vitrinen der Welt verteilt sein wird, steht unser westfälischer Hermann immer noch. Symbol muß er ja nicht unbedingt sein. Nur standfest wie ein Westfale.

Bei ihm schwillt mein Herz nicht so sehr, ich müßte auch nicht gleich wieder hinfahren. Eher ins nahe Detmold, das immer noch »eine wunderschöne Stadt« ist. Der früheren Fürstin Pauline gehört meine Verehrung. Sie hat den ersten deutschen Kindergarten eingerichtet. Hier war Lortzing am Theater, schrieb Grabbe Kritiken, dirigierte Brahms als Hofkapellmeister und schrieb Freiligrath Gedichte.

Viele Westfalen sind ja ausgewandert. In die baltischen Staaten zum Beispiel, in den Norden nach Lübeck, wo die Soester Stadtrechte übernommen wurden, an den Rhein, wie ich. Der Baumeister des Dresdner Barock, Pöppelmann, war ja ein Westfale aus Herford, Papst Gregor V. zog von Corvey nach Rom, und ob Peter Paul Rubens ein ausgewanderter Westfale ist, darüber mag man streiten. Geboren ist er jedenfalls in Siegen. Es bleiben noch genug da, die zu treffen sich lohnt. Damit wären wir dann bei der westfälischen Kneipenkultur. Bis an die Kehle.

Wo würde ich noch hinfahren, wenn ich es denn täte? Das Wasserschloß der Annette von Droste-Hülshoff bei Münster würde ich nicht auslassen, Schwalenberg in Lippe, Wiedenbrück, Freudenberg im Sauerland und Warburg wären Städte, die ich gern mal wiedersehen möchte. Hoffend, daß neue Baumeister meine Erinnerungen nicht täuschen. Auf dem Schloßberg in Arnsberg möchte ich wieder stehen und an der Sorpe-Talsperre. Über den schönsten innerstädtischen Rundweg, den ich kenne, möchte ich wandern, die Promenade in Münster. Würde ich, täte ich, wenn ich könnte. Man muß es nur wollen. Damit bin ich in Wolbeck. Hier lebte ein anderer westfälischer Barde, Bernhard Gottfried Bueren, eben aus Wolbeck bei Münster, und dichtete.

»'t het altyd heeten in Westphalen
un't het noch: doen, dat is en Ding!«

Zunächst kaufe ich Pumpernickel wie einst Goethe in Münster, und versuche, beim Genuß von Rheinischem Sauerbraten nicht daran zu denken, daß hier mein westfälisches Wappentier verspeist wird. Daran sieht man: Ich wohne zwar nicht mehr in Westfalen, aber Westfalen wohnt noch in mir. Da bleibt es noch. Altyd.

Das ist Platt, heißt allzeit, und Plattdeutsch ist ja in Westfalen immer noch so lebendig, wie Heine mal schrieb: »In Westfalen ist nicht alles tot, was begraben ist«. Die Sprache ist weder begraben, noch platt, sondern oft ausdrucksstärker als »Hauchdütsch«. Nur wenn ich mich daran versuchte, spürtest Du, ach, von westfälischem Platt kaum einen Hauch. Es bliebe eingefärbtes Hochdeutsch. Aber ich höre es gern. Und zum Abschied zitiere ich dann wohl eine jener einprägsamen Floskeln wie diese: »Schönen Dag vandage«.

Radtouren auf den Pättkeswegen im Münsterland, und in den let

...en gut ausgebaute Radwege, ziehen die Menschen aus den Großstädten in die Naturparks Westfalens.

Peter Lempert

Das Vaterland des Schinkens

Vom westfälischen Schinken bis zum
»aollen« Klaren

Westfalen – Geheimtip für Feinschmecker

Westfalen? Da wird einem im Süddeutschen beheimateten Feinschmecker immer noch wenig mehr zu einfallen als Steinhäger, Klarer, Bier, Schinken und vielleicht noch Pumpernickel, sofern er letztere Spezialität überhaupt mit diesem fernen Land in Verbindung bringt. An eine feine, möglicherweise von den Errungenschaften der Neuen Küche befruchtete Kochkunst wird er dabei wohl kaum denken. Aber wenn er sich auf kulinarische Entdeckungsreise begeben möchte, dann kann er in Westfalen — und nur dort — lernen, wie beispielsweise eine Mettwurst schmecken muß, wie vorzüglich ein traditionelles Gericht wie der Kastenpickert munden kann — und er wird die westfälische Küche zu lieben beginnen, gerade weil sie auf Schnickschnack verzichtet und sich nie nach den herrschenden Moden gerichtet hat.

Also für die Westfalen kein Grund, sich ob ihrer oft als deftig klassifizierten Kochkultur zu schämen. Ganz im Gegenteil sollte man doch eher stolz darauf hinweisen, daß sich hier eine kulinarische Tradition bewahrt hat, die neuerdings mit der Abwendung vieler Köche und Gourmets von der Nouvelle Cuisine immer mehr Freunde gewinnt. Eine Entwicklung, die man auch und gerade in der Top-Gastronomie Westfalens verfolgen kann. Denn die engagierten Vertreter der kochenden Zunft Westfalens setzen immer häufiger verfeinerte regionale Gerichte auf die Karte und verstehen es, publikumswirksam dafür zu werben.

Man muß überhaupt der westfälischen Spitzen-Gastronomie ein großes Kompliment machen: Still und heimlich hat sich hier eine kulinarische Vielfalt auf hohem Niveau entwickelt, wie man es vor einem Jahrzehnt noch kaum für möglich gehalten hätte. Zum Ausprobieren lasse man sich doch einfach einmal einen Pfefferpotthast, auf neue raffinierte Art und Weise zubereitet, auf den festlich gedeckten Tisch bringen! Denselben genossen, wird man heute wohl kaum mehr das rabiate Urteil westfälischer Eßkultur gelten lassen können, das dem päpstlichen Nuntius Fabio Chigi, dem späteren Papst Alexander VII., als Zeugnis westfälischer Zustände im 17. Jahrhundert aus der wohlreimenden Feder geflossen war: »Kein lukullisches Mahl mit Apollinischen Künsten bereitet/Bietet die Tafel, denn Schlemmen und eitle Kniffe der Kochkunst/Sind im Herzen verhaßt Westfalens tapferem Sohne/Alles Gemüse mengt dieser in däftiger Schüssel zusammen,/Ist zufriedenen Sinns, kann goldige Butter er streichen/Auf sein schwärzliches Brot und des Sonntags den Schinken sich langen/(oder wenn's Herbst ist, geräucherten Harst) herunter vom Wiemen.«

Und hat es da nicht auch eine gewisse Henriette Davidis aus Wengern bei Witten an der Ruhr gegeben, die mit ihrem »Praktischen Kochbuch für die gewöhnliche und feine Küche« einen Bestseller des 19. Jahrhunderts verfaßt hat und deren berühmter Imperativ »Man nehme . . .« auch heute noch in vielen Kochbüchern herumgeistert? Die Autorität, die Henriette Davidis (1807-1876), seit 1841 Leiterin der Mädchenarbeitsschule in Sprockhövel, seinerzeit in allen Küchenfragen hatte, läßt sich schon allein daran ablesen, daß ihre 1844 erstmalig erschienene Rezeptsammlung allein bis zum Ersten Weltkrieg 48 Auflagen erlebt hat. Und noch ein Grund für die Westfalen, stolz auf ihre Küchentradition zu sein: Wo sonst in deutschen Landen hat sich das kulinarische Erbe der Väter in reinerer Form erhalten, wo sonst konnten sich ländlich-regionale Eigenarten vor fremden Einflüssen in so schmackhaft-unverfälschter Form erhalten?

Schwein gehabt

Anders als in den meisten deutschen Regionen hat in Westfalen das Schwein seine Spitzenposition in der kulinarischen Beliebtheitsskala souverän behaupten können — auch wenn das Rind allmählich aufrückt und Fisch, nicht nur einheimischer, überall auf der Speisekarte steht, denn Dortmund ist Europas größter Umschlagplatz für edles Meeresgetier geworden, noch knapp vor dem Pariser Großmarkt Rungis.

Kein Wunder also, daß in früheren Zeiten der Schlachttag, an dem es dem dank Rüben, Kartoffeln oder Gerstenmehl gut in Futter stehenden Borstentier an den Kragen gehen sollte, ein ganz besonderer Tag im Jahr war. Noch im ersten Drittel unseres Jahrhunderts wurde auf dem Land und auch noch in vielen städtischen Haushalten geschlachtet, im Herbst (meist im November), wenn die ersten Fröste gekommen waren, und auch im Februar/März. In der Regel bediente man sich der Hilfe eines Hausschlachters, der frühmorgens seine Arbeit begann, entweder in der sauber geschrubbten Waschküche oder auch einfach auf dem mit frischem Stroh ausgelegten Hof. Alles mußte bereitstehen, vom großen Wasserkessel, der Leiter, an der das geschlachtete Schwein zum Auskühlen aufgehängt wurde, bis hin zu Gewürzen und Därmen zum Abfüllen der Wurst, für deren Zubereitung die Innereien Lunge, Leber, Nieren und Herz schnell in den kühlen Keller gebracht wurden. Beine und Speckseiten wurden eingesalzen, Rippen-, Nacken- und Bratenstücke zunächst einige Tage getrocknet und dann eingekocht. Kleinere Fleischstücke und Abfälle wurden zur Bereitung der Mettwurst verwendet.

Nun konnte am Schlachttag selbst oder auch in den folgenden Wochen geschlemmt werden! Leberwurst und Blutwurst bereicherten ebenso den Speisezettel wie Gerichte aus Wurstebrühe in Gestalt von Pannhas, Wurstebrei, Möpkenbrot, Wurstebrot oder Leberbrot.

Der Westfälische Schinken

Beim Stichwort Schinken denken heute viele Gourmets zuerst an Parma oder San Daniele — wo doch das Gute hier wahrlich so nahe liegt. Denn Westfalen gilt schon seit vielen Jahrhunderten als kulinarisches Paradies für die aus der Hinterkeule des Schweins gewonnene Delikatesse.

Auch wenn die Westfalen wohl kaum das Erstlingsrecht hinsichtlich der Schinkenproduktion beanspruchen können — da waren die alten Römer wieder mal ein bißchen früher dran, wiewohl bei ihnen, wie auch heute noch in den südlichen Ländern, der luftgetrocknete Schinken klar vor dem geräucherten Rohschinken dominierte —, so gibt es doch eine ganze Reihe früher Zeugnisse für die Wertschätzung der Gourmandise aus Westfalen. Von den Römern dürften die germanischen Stämme schon vor der Völkerwanderung in die Geheimnisse der Haltbarmachung eines so empfindlichen Produktes wie des Schinkens eingeweiht worden sein. Und die Westfalen machten ihren Lehrmeistern alle Ehre, wobei der Güte ihres Schinkens die Natur zuhilfe kam. Denn die ausgedehnten Wälder waren voll von Eicheln, Nüssen, Bucheckern, Kräutern und Pilzen, eine gar vortreffliche Kost für die sich frei ihre Nahrung suchenden Ringelschwänze. Kein Wunder also, daß die Schinken aus dem Westfalenland schon im Mittelalter ein begehrter Exportartikel waren. Aus dem 18. Jahrhundert sind sogenannte Eichenregister bekannt, in denen die Zahl der zu mästenden Schweine nach der Zahl der vorhandenen Eichen festgesetzt war. Ein neuzeitiger Wirtschaftshistoriker kommentierte dies folgendermaßen: »Das Schwein war das Kind der Eiche. Die Eiche galt als Obstbaum, dessen Ertrag allerdings in dem selbständig von ihm lebenden Tier bestand. Die Bevölkerung verfolgte ihre Blüte, und der Fruchtertrag der Eiche beschäftigte die Westfalen so wie die Rheinländer der Behang ihrer Rebstöcke.«

Im 12. Jahrhundert schon konnten die Bürger der Stadt Köln Westfälischen Schinken an einem speziellen Marktstand erwerben. Anfang des 15. Jahrhunderts übersandte die Stadt Dortmund Kaiser Sigismund zwölf Schinken, an denen dieser mehr Wohlgefallen gefunden haben soll als an der goldenen Schale, die ihm die Stadt Köln verehrt hatte. Und einige Zeit später weiß eine amüsante Mär zu berichten, daß die Franzosen nicht eigentlich zur Beendigung des 30jährigen Krieges ins westfälische Münster gekommen seien, sondern um das Land nach seinen berühmten Schinken zu durchkämmen.

Auch einem literarischen Wanderer durch die wilden Jahre des 30jährigen Krieges wie Christoph von Grimmelshausen konnte der beste Teil des Schweins kurzzeitigen Trost spenden. So läßt er seinen Helden Simplicissimus folgende Eindrücke vom Besuche einer westfälischen Pfarrhausküche wiedergeben: »O Mirum! Da sah ich, daß der schwarze Himmel auch schwarz voller Lauten und Flöten und Geigen hing, ich vermeine aber die Schinken, Knackwürste und Speckseiten, die sich im Kamin befanden. Diese blickte ich trostmütig an, weil mich bedünkte, daß sie mir lachten.«

Daß man mit Westfälischem Schinken auch erfolgreich Politik machen konnte, bewies das Vorgehen des kur-kölnischen Sauerlandes, das dem kaiserlichen Hof in Wien »zur Unterstützung der diplomatischen Verhandlungen« in der zweiten Hälfte des 17. Jahrhunderts dreihundert Schinken zukommen ließ, um von Einquartierungen und Plündereien im Zuge eines neuerlichen deutsch-französischen Krieges verschont zu bleiben. Erwähnenswert vielleicht auch noch der Sachverhalt, daß ein wohl früher Gourmet wie der Fürst von Thurn und Taxis im 18. Jahrhundert jährlich zwei Dutzend Schinken aus Westfalen orderte.

Ein Loblied auf das westfälische Schwein und den Schinken stimmte auch der Abbé Baston an, der zur napoleonischen Zeit einige Jahre im »Vaterland der Schinken«, wie es Heinrich Heine nennen sollte, genauer gesagt, in Soest, verbracht hatte: »Das Fleisch für jedermann ist das Schweinefleisch. Eine bettelarme Familie mästet immer noch ihr Schwein. Die andern haben zwei, drei bis fünf. Und was für Tiere! Von ihnen stammen die Stücke, die man als »jambons de Mayence« so sehr rühmt. Die Schweine wiegen 300 bis 400 Pfund. Das westfälische Schwein ist sauber. Selten wälzt es sich im Dreck. Der Besitzer sorgt dafür, daß es ein- oder zweimal täglich ins Wasser kommt. Es hat nicht den verdorbenen, schmierigen Geschmack unserer französischen Schweine.«

Die Franzosen waren eben schon immer Gottes selbst ernannte Feinschmecker. Da scheint es fast schon selbstverständlich, daß auch einer der frühesten Gourmet-Päpste, Anthelme Brillat-Savarin, der westfälischen Delikatesse in seinem bekannten Opus »La Physiologie du goût« 1848 ein Loblied sang: »Den zartesten Gaumen behagen die Servelatwürste, die Mortadellen, die Westfälischen Schinken, das Hamburger Rindfleisch, die Sardellen und Häringe und ähnliche Speisen sehr wohl, die nicht dem Feuer ausgesetzt waren und dennoch den Appetit reizen.«

Trotz aller Modernisierung ist Hausschlachtung auf vielen westfälischen Höfen nach wie vor üblich.

Heute werden in Westfalen fast nur noch geräucherte Schinken hergestellt, die wenigen luftgetrockneten — mindestens sechs Monate lang getrocknet — erkennt man an der helleren Farbe. Kennzeichen des geräucherten »Westfalen« ist eine dunkelrote Fleischfarbe und eine hellbraune Schwarte, im Anschnitt präsentiert er sich rotbraun mit dünnem Fettrand. Probiert man ihn, so sollte er trocken und mürbe sein und einen leicht nußartigen Geschmack haben.

Einen ebenso guten Ruf wie der geräucherte Westfälische Schinken genießt der Sauerländer Knochenschinken. Bei ihm handelt es sich um ein zunächst trockengepökeltes, dann geräuchertes und schließlich fünf Monate in Felsenkammern gereiftes Spitzenprodukt, das sich — oft entbeint als Rollschinken angeboten — durch einen milden Geschmack und die Zartheit des Fleisches auszeichnet.

Ob die Bauern in Westfalen von jeher ihre Schinken im Rauchfang des Herdfeuers, dem sogenannten Wiemen, konserviert haben, oder ob sie — vielleicht vereinzelt — das bereits im frühen Mittelalter in Germanien bekannte »lardarium«, eine Pökel- und Räucherkammer, benutzten, wird wohl nicht mehr zu ergründen sein. Was sich über die Jahrhunderte erhalten hat, und auch heute noch verwendet wird, ist das Buchenholz. Die Kalträucherung bei 18 Grad Celsius mit Rauch von Buchenholz und Wacholderbeeren in der mit Schamottesteinen verkleideten Räucherkammer dauert heute ungefähr zwei Wochen. Danach muß der Schinken noch weitere zwei Wochen nachtrocknen.

Bis ins 19. Jahrhundert gab es in Westfalen hallenförmige Fachwerkhäuser ohne Schornstein, in denen sich der Rauch den Weg nach draußen durch die vorhandenen Öffnungen suchte. Über dem Herdfeuer war zunächst ein Holzrahmen aus Eichenbrettern installiert, der jedoch bald durch einen trichterförmigen Rauchfang ersetzt wurde, in dem die Stangengerüste zum Aufhängen der Räucherwaren befestigt waren. Das Fehlen von Schornsteinen hatte häufig Brände zur Folge, weshalb schließlich der Einbau gemauerter Rauchabzüge angeordnet wurde. Schinken, Wurst und Speck behielten aber weiterhin ihren Platz über dem Feuer. Als in der zweiten Hälfte des 19. Jahrhunderts die »modernen« Öfen Einzug in Westfalen hielten, waren die Rauchfänge überflüssig geworden, und Schinken & Co. wanderten zunächst in sogenannte »Floisbüenen«, Fleischkammern, die meist im ersten Stock in unmittelbarer Kaminnähe eingerichtet wurden. Schieber ermöglichten eine dosierte Rauchzufuhr. Als das Holz zunehmend durch Steinkohle ersetzt wurde, begann man Anfang dieses Jahrhunderts mit dem Bau spezieller Räucherkammern, denn die giftigen Gase der Steinkohle waren dem Räuchern und dem Schinkengeschmack wenig zuträglich.

Das Räuchern ist natürlich nicht der erste Arbeitsvorgang bei der Schinkenpräparierung. Nach dem Schlachten muß der gut gekühlte, zwischen siebeneinhalb und zehn Kilogramm wiegende Schinken zunächst einmal gründlich massiert werden, um das Restblut herauszupressen. Sodann werden Eisbein, Schwanz- und Schloßknochen entfernt — nicht aber der Röhrenknochen, der zunächst drinnen bleibt. Nach dem Räuchern wird er dann allerdings häufig ausgelöst, um das Aufschneiden zu erleichtern. Das Hüftfleisch wird rund, die dicken Speckschichten und die Schwarte nach außen hin schräg abgeflacht geschnitten. Dann wird der Schinken mit Nitritpökelsalz unter Zusatz von wenig Gewürz eingerieben, besonders der empfindlichen Stelle um den Knochen herum muß dabei große Aufmerksamkeit geschenkt werden. Es ist auch üblich, den Schinken in einer Salzlake zu pökeln. Ist der Schinken richtig »durchgebrannt«, hat sich also das Salz gleichmäßig im Fleisch verteilt, wird er zum Trocknen aufgehängt, anschließend lauwarm abgewaschen und für mindestens zehn Stunden in fließendem kalten Wasser vom überschüssigen Salz befreit. Nach dem Abtropfen in luftigen Hallen kann das Räuchern beginnen.

Der »Westfälische Himmel« hängt voller Würste und Schinken.

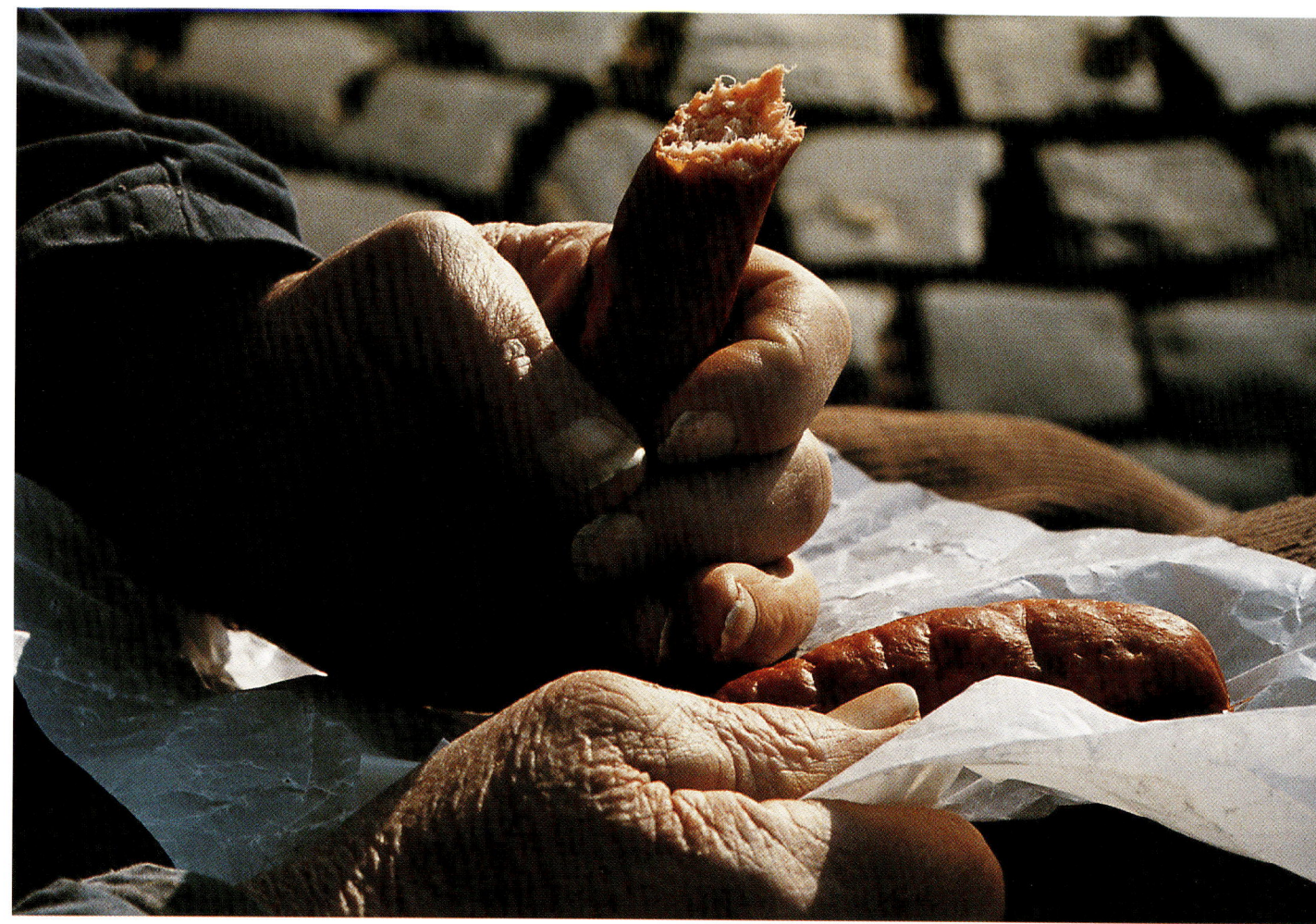

Nach harter Arbeit ist ein Stück westfälischer Wurst Bedürfnis und Pflicht.

Westfälische Wurstspezialitäten

Außerhalb Westfalens sind es vor allem vier Wurstsorten, die man neben dem berühmten Schinken in den Theken guter Metzgerfachgeschäfte entdecken kann: Westfälische Schlackwurst, Westfälische (manchmal auch Sauerländer) Cervelat, Westfälische Schinkenplockwurst und natürlich Westfälische Mettwurst.

Die sehr feinkörnige Schlackwurst hat ihren Namen von dem weiten Darm, in dem sie steckt. Schlacke steht für das Schweinefettende, d. h. für den Schweinemastdarm. Die Westfälische Schlackwurst wird zu je 20 Prozent aus fett- und sehnenfreiem Rindfleisch, Schweinebauch und Rückenspeck sowie 40 Prozent Schweinefleisch bester Qualität hergestellt. Zum Würzen werden Salz, Pfeffer, Ingwer, Himbeersaft, Senfkörner und Rum verwendet.

Ebenfalls sehr feinkörnig ist die Cervelatwurst, wobei die Westfälische Spezialität mit 55 Prozent einen sehr hohen Anteil an Schweinefleisch enthält; der Rindfleischanteil beträgt 20 Prozent, der Rest ist Rückenspeck; es gibt auch Varianten, bei denen der Rindfleischanteil zehn Prozent, der Schweinefleischanteil 65 Prozent beträgt. Abgeschmeckt wird die Wurst mit klarem Steinhäger, Salz, Pfeffer sowie fünf Gramm Honig je Kilogramm.

In der Familie der grobgekörnten Rohwürste ist die Plockwurst die feinkörnigste und die Mettwurst die gröbste.

Westfälische Schinkenplockwurst enthält Fleisch erster Qualität, entweder nur vom Schwein oder auch mit Rindfleisch vermischt. Gewürzt wird die Wurst mit Salz, Pfeffer, Rum, Paprika und auch mit Himbeersaft. Im Unterschied zur sonstigen Landmettwurst, die ausschließlich aus Schweinefleisch hergestellt wird, wird beim Würzen der Westfälischen Mettwurst — es gibt sie geräuchert und auch luftgetrocknet — auf Senfkörner verzichtet und nur mit

Salz und Pfeffer abgeschmeckt. Wenn die westfälische Hausfrau ihre Mettwurst aus durchwachsenem Schweinefleisch selbst macht — sehr lecker: frisches Mett mit Zwiebelringen —, dann wird sie in der Regel nur einen Teil des Metts in Därme, den anderen aber in Gläser füllen und einkochen.

Die Mettwurst spielt nicht nur als »Mett-Endken« eine zentrale Rolle bei vielen westfälischen Eintopf-Gerichten, sondern auch beim pikanten Dortmunder Rosenkranz: Dabei werden die Würste kreisförmig in der Pfanne ausgelegt, in die Mitte kommen die gleichzeitig mitgebratenen Kartoffeln. Die Assoziation Rosenkranz wird einem dabei wohl nicht unbedingt in den Sinn kommen, aber vielleicht beruht die etwas seltsame Namensgebung auf dem Faktum, daß dieses Gericht früher möglicherweise immer erst nach dem abendlichen Rosenkranzgebet aufgetischt wurde. Zu den bevorzugten Wurstsorten der Westfalen gehören natürlich auch noch Blutwurst und Leberwurst. Spezialitäten sind dabei Leberbrot und Wurstebrot. Beide Wurstsorten werden gerne, in Scheiben geschnitten und in der Pfanne mit Schmalz und Apfelscheiben gebraten, als leckerdeftiges Abendessen gereicht.

Von Knisterfinken und Dicken Bohnen

Überlegt man sich in Westfalen, was man zu Spezialitäten wie dem Töttchen, einem ursprünglich aus Rindfleisch oder Kalbskopf, -lunge und -herz bereiteten Ragout, oder Warmer Wamme, einem Rinderpansen-Gericht, als Gemüsebeilage reichen soll, so wird zwischen drei klassischen Alternativen gewählt: Grünkohl, Bohnen oder Stielmus.

Allerdings darf man dabei nie außer acht lassen, daß in früheren Zeiten der Fleischgenuß eher die Ausnahme war, bestenfalls an Sonntagen ein Braten auf den Tisch kam, und das Volk sich stattdessen von Brot und Gemüse ernährte. Eine Vorstellung vermittelt der Bericht des Lehrers Peter Lübke aus den zwanziger Jahren des 19. Jahrhunderts über die Ernährungsgewohnheiten im sauerländischen Örtchen Canstein: »Die Lebensart der bäuerlichen Dorfbewohner war sehr dürftig und einfach. Von Martini bis Weihnachten wurden alle Tage zweimal bloß Rüben gegessen, die zu Mit-

tag gekocht und am Abend aufgewärmt wurden. Einige Bauern kochten für die halbe Woche auf einmal. Von Weihnachten bis Ostern wurden täglich zweimal Erbsen gegessen, die man mit Rüböl mundgerecht machte. Von Ostern, bis die frischen Gemüse herankamen, zweimal Linsen. Fleisch gab es nur an den vier Hauptfesten.« Damals war Grünkohl das einzige frische Gemüse, das bis Winteranfang aus dem heimischen Garten auf den Teller gelangen konnte — am besten schmeckt(e) der Grünkohl, wenn er den ersten Nachtfrost überstanden hat, weil dabei die Bitterstoffe abgebaut werden. Ein kulinarischer Geheimtip, der ein wenig aus der Mode gekommen ist, war das Mitkochen von Birnen. Wer in der kalten Jahreszeit durch Westfalen reist und keinen Grünkohl mit Mettwurst probiert hat, der ist nicht wirklich dort gewesen.

Ebenfalls eine Art westfälisches Nationalgericht sind Dicke Bohnen mit Speck. Die Verbindung kam dadurch zustande, daß in früheren Zeiten in den Bohnen-Erntemonaten Juni und Juli in vielen Haushalten die Fleischvorräte weitgehend aufgebraucht waren — geschlachtet wurde ja nur im Winter —, meist waren nur noch Schinken und Speck vorhanden. Früher wurden die Dicken Bohnen übrigens nicht nur frisch, sondern auch getrocknet das ganze Jahr über gegessen, die in irdenen Töpfen oder Fässern konservierten geschnibbelten Bohnen nicht zu vergessen.

Die zarten Stiele der Mairüben (Stielmus) sind wichtige Zutaten eines weiteren westfälischen Leibgerichts, der Knisterfinken. Die abgestreiften Rübstiele müssen sorgfältig gewaschen werden, denn sonst knirscht beim Essen der Sand zwischen den Zähnen — daher der Name Knisterfinken. Natürlich darf man in diesem Zusammenhang auch Porree, Kartoffeln oder Sauerkraut nicht unerwähnt lassen. Ein Gericht wie Sauerkraut mit weißen Bohnen ist bereits seit dem 18. Jahrhundert als westfälisches Festessen bekannt. Für die Sauerkrautzubereitung wurden die Kohlköpfe in Streifen geschnitten, mit Salz bestreut, eingestampft und anschließend in spezielle Fässer gefüllt. Im Verlauf des Gärvorganges wurde immer wieder das Gärwasser abgeschöpft, das den jungen Frauen als kostenloses Schönheitsmittelchen zur Behandlung der Hände — deren Haut wurde gebleicht und sehr sauber — willkommen war.

Forellen und Wildbret

Heute kann man sich kaum noch vorstellen, daß sich dereinst bis zu zweiundvierzig Fischarten in den Flüssen, Teichen und Weihern Westfalens tummelten — und damit eine willkommene Abwechslung in den täglichen Speiseplan brachten. Hechte, Störe, Lachse, Aale, Karpfen, Krebse und natürlich Forellen gab es in reicher Zahl. Caspar von Fürstenberg, kurfürstlicher Landdroste des Herzogtums Westfalen, schrieb unter dem 17. April 1572 in sein Tagebuch: »Des Morgens frue uf die Fischerei gegangen und geschwindt viel visch gefangen.«

Mit dem Fischreichtum ist es infolge von Flußbegradigungen und -verschmutzung leider vorbei, die Mehrzahl der heute in Westfalen verspeisten Forellen stammt aus den Fischzuchtanstalten. Und doch gibt es auch wieder Bachforellen, die in Butter in der Pfanne gebraten, mit Essig und Salz gewürzt, zu den alten westfälischen Spezialitäten zählen.

Dem Fischreichtum stand damals der Überfluß an Wild nicht nach. Da nimmt es nicht Wunder, daß die hohen Herrschaften ihrem Gesinde im Herzogtum Westfalen im Dienstvertrag zusichern mußten, an nicht mehr als drei Tagen in der Woche Wildbret auf den Tisch der Gesindeküche zu bringen. Der Kurfürst von Köln war immer wieder zu Großjagden im Arnsberger Wald erschienen, wo er im Winter 1605 nicht weniger als 503 Eber erlegt haben soll.

Auch heute noch sind die Wälder des Sauer- oder Siegerlandes ein Paradies für jeden Jägersmann. Rot- und Schwarzwild finden sich in mehr oder weniger feiner Zubereitung als Festbraten oder auf den Speisekarten der Restaurants. Eine noch im vorigen Jahrhundert im Sauerland sehr beliebte Delikatesse, die Krammetsvögel, wird man allerdings vergeblich suchen. Denn als die Wacholderheiden mehr und mehr in Ackerland verwandelt wurden,

Ziel der Angler aus den Großstädten sind an den Wochenenden die vielen Seen und Talsperren in Westfalen.

suchten sich die Wacholderdrosseln ein anderes Zuhause. Friedrich Wilhelm Grimme, literarisches Aushängeschild des Sauerlandes, konnte einem geladenen Gast seinerzeit jedenfalls allerlei kulinarische Abwechslung in Aussicht stellen: »...und bist du gar ein Gourmand, so brauchen wir nur sauerländischen Schinken, Krammetsvögel und Steinforellen, Hirsche und Rehe und das fast zur Plage gewordene Schwarzwild zu nennen oder lieber noch an Birk-und Auerhähne und Haselhühner zu gemahnen, und du wirst, wie ein alter Kanonikus, dem wir einst davon erzählten, ausrufen: »Auch Auerhähne und Haselhühner? Ach du lieber Heiland!«

Und auch ein in kulinarischen Dingen offenbar bewanderter Graf Louis de Graimberg berichtet in napoleonischer Zeit voll des Lobes von einem Festmahl im sauerländischen Meschede, bei dem Fisch und Wild eine zentrale Rolle spielten: »Beim Abendessen war man außerordentlich munter, gewiß hätten die Unterhaltung, der gute Wein, der Rehbraten, die Krammetsvögel und die Forellen in einem Pariser niemals den Verdacht aufkommen lassen, daß er sich in einem Flecken Westfalens befand.«

Jagdzimmer im Schloß zu Detmold. Die Jagd ist heute nicht mehr Privileg der Fürsten und Adeligen.

Der Pfefferpotthast

Die Dortmunder sind stolz auf dieses Gericht, hat es nicht nur eine lange Geschichte, sondern auch Geschichte gemacht. Anno domini 1378 hatten die Grafen von der Mark wieder mal einen Versuch unternommen, die mitten in ihrem Territorium liegende Freie Reichsstadt Dortmund zu erorbern. Zu diesem Zwecke bedienten sie sich einer kriegslistigen Anleihe bei Odysseus mit der leichten Abwandlung, daß sie ihre Truppen nicht im Bauch eines hölzernen Pferdes, sondern versteckt unter mit Holz und Heu beladenen Karren in die belagerte Stadt einschmuggeln wollten. Sie vertrauten dabei auf die Mithilfe einer stadtbekannten adligen Dame namens Agneta von Vierbecke, die die Wachen am Stadttor um Einlaß der für sie bestimmten »Wintervorräte« bat und ihnen zugleich den Auftrag erteilte, auf dem Markt Potthast einkaufen zu gehen. Das war wohl ein wenig zuviel des Guten, jedenfalls wurde der feindliche Kriegsplan durchschaut, und die Dame fand noch am selben Tag ein recht unchristliches Ende.

Man kann sich denken, daß von diesem Potthast zur Feier des Tages eine ganze Menge verspeist worden sein dürfte, wobei die Zutaten für dieses Ragout sich von denen, die heute im Pfefferpotthast Verwendung finden, unterschieden haben. Denn der Original-Potthast (pott = Topf, hast = gesottenes Fleisch) wurde aus weniger wertvollen Schweineteilen wie Ohren, Schnauze, Schwanz oder Pfoten unter Hinzugabe von Gemüse oder Zwiebeln hergestellt. Für den Pfefferpotthast wird dagegen in der Regel Rindfleisch genommen, wiewohl auch Schweinerippchen untergemischt einen leckeren Geschmack ergeben.

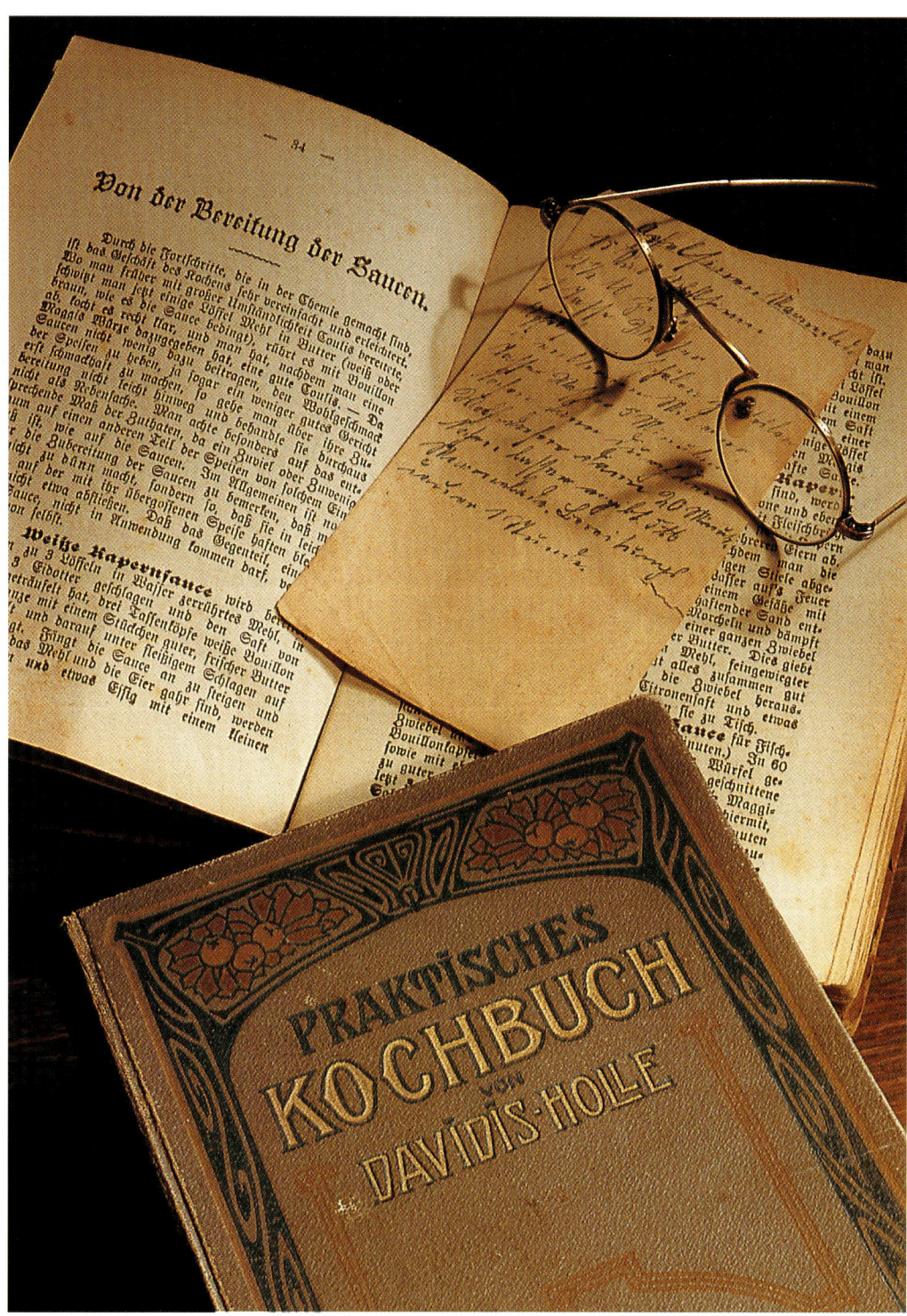

Der Pickert

Henriette Davidis hielt offenbar nicht viel von dieser westfälischen Spezialität, die vor allem im Tecklenburger und Lipperland gepflegt wurde. Denn man wird in ihrem Küchenlehrbuch vergeblich nach einem Rezept suchen. Dabei kann man mit Sicherheit davon ausgehen, daß die Dame Pickert gekannt hat, nur hier hielt sie diesen offensichtlich nicht für weiter erwähnenswert. Auch wenn die Entstehung des Gerichts bzw. der Gerichte, denn den Pickert gibt es in verschiedenen Varianten, immer wieder mit den hungerleidenden Leinewebern Mitte des vorigen Jahrhunderts in Verbindung gebracht wird, so taucht der Name Pickert doch bereits um 1800 erstmals auf. Die älteste Namensform ist allerdings nicht »Pickert«, sondern »Picker«, nachzulesen in Aufzeichnungen des Bielefelder Pfarrers Peter Florens Weddigen.

Die Basiszutaten für Pickert in all seinen Varianten sind heute geriebene Kartoffeln und Mehl (Weizen- oder Buchweizenmehl). Auch Salz muß sein, Eier und Hefe kommen meist hinzu, manchmal auch Milch, beim Lippischen Pickert auch Rosinen. Es gibt Köche, die sich streng an die altüberlieferten Rezepte halten, aber andere wagen sich auch schon mal ans Experimentieren. Nur eine Maxime gibt es unter allen Umständen zu beachten: Fleisch hat im Pickert nichts zu suchen, nur Speck oder Wurstscheiben können schon mal eingebacken werden. Fett, möglichst wenig, braucht man nur zum Backen, damit der Teig nicht (an-)»pickt«.

Die Mehlmenge hängt von der Pickert-Variante ab. Für den Lappenpickert benötigt man vergleichsweise wenig Mehl, für den Kastenpickert dagegen ziemlich viel. Der Lappenpickert wird auf eckigen oder runden Gußeisenplatten gebacken — früher benutzte man dafür einfach die heiße Herdplatte — oder auch in Pfannen. Die auf dem Herd gebackenen Pickerts hatten früher Überformat, und es bedurfte schon einiger Übung und der Zuhilfenahme spezieller »Milchbretter«, um die Prachtexemplare zu wenden. Heute haben die runden Pickerts einen Durchmesser bis 30 cm, doch zuhause wird man sich je nach Küchenausstattung auch mit kleineren Formaten zufrieden geben. Der Rosinenpickert braucht so beispielsweise kaum größer zu sein als ein normaler Kartoffelpuffer. Der Kastenpickert wird wie ein Rührkuchen in einer eckigen Form aus Eisenblech gebacken und nach dem Erkalten bei Bedarf in einer Pfanne scheibchenweise aufgebacken.

Das Brot der Westfalen

Auch wenn man bei westfälischem Brot gleich an Pumpernickel oder Stuten denken mag, so wurde in früheren Jahrhunderten doch in erster Linie ein mit Sauerteig angesetztes Roggenbrot gebacken. Je nach Zahl der auf dem Hofe Beschäftigten wurde alle zwei bis vier Wochen gebacken, auf Vorrat versteht sich, jedesmal bis zu 30 Brote, die bei entsprechender Aufbewahrung durchaus frisch gehalten werden konnten.

Die Backöfen waren meist in einem kleinen freistehenden Gebäude, dem »Backs«, untergebracht. Es kam aber auch vor, daß die Backöfen an das Wohnhaus angebaut waren mit der Öffnung ins Hausinnere. Zwei bis drei Stunden vor dem Backen mußte der Ofen aufgeheizt werden, wozu man sich unterschiedlichen Holzes als Brennmaterial bediente. Die richtige Temperatur war erreicht, wenn das Ofeninnere weiß glühte. Nun wurden rasch Glut und Asche herausgefegt und der Hitzegrad nochmals überprüft, indem man zur Probe die Hand hineinhielt, eine Roggenähre hineinlegte oder auch Roggenkleie hineinstreute und deren Bräunung begutachtete. Aus dem sorgfältig gekneteten Teig wurden von Hand Brotlaibe geformt, sechs bis sieben Pfund schwer, die in zwei Stunden fertig gebacken waren. Nun konnte man sich einen guten Klaren gönnen, denn das Brotbacken damals kostete Kraft und Schweiß.

Pumpernickel und Stuten

Unabdingbare Bestandteile des »Westfälischen Abend-mahls« sind neben den leckeren Schinken und dem »Bullekopp« (Steinzeugkrug) mit Bier zwei Brotsorten, die weit über die Grenze Westfalens hin bekannt sind, nämlich Pumpernickel und Stuten.

Zunächst ein Wort zum Namen dieser deftigen Vesper-mahlzeit: über dem Nordportal der Kirche Maria zur Wiese in Soest hat ein unbekannter Künstler (Conrad von Soest?) Ende des 15. Jahrhunderts die biblische Abend-mahlszene auf einem wunderschönen Glasbild dargestellt. Allerdings ein wenig verfremdet, denn statt Brot und Wein laben sich Jesus und seine Jünger an Schinken, Schweine-kopf, Stuten (Pumpernickel) und Bier, mithin wohl dem Besten, was nach alter westfälischer Landessitte aufgetischt werden konnte. Für den heute von vielen Feinschmeckern so heißgeliebten Pumpernickel, einem aus ungebeuteltem Roggenmehl und Sauerteig gebackenen dunklen, schweren Brot, das zwar nicht gerade leicht verdaulich, aber wegen seiner vollen Kornkraft äußerst gesund und nahrhaft ist, hatten hochwohlgeborene Herren, die in früheren Zeiten Westfalen bereisten, nichts als Spott übrig.

Der niederländische Humanist Justus Lipsius etwa sagte 1580 über die westfälische Spezialität: »Wenn du die Farbe, das Gewicht, die ganze Gestalt gesehen hättest, du hättest es abgeschworen, daß es Brot sei. Es ist schwarz, grob, herbe und zu Klötzen von vier oder fast fünf Fuß Länge ge-formt, die ich nicht hätte aufheben können. Armes Volk, das seine eigene Erde essen muß.«

Und Georg Christoph Lichtenberg urteilte: »...es ist beinahe, als wenn man das liebe Korn roh äße. Ich habe es oft versucht und ließ mir ein Stück geben, das etwa zwanzig Bauernbissen enthalten mochte. Ich biß etwas mit einer ernsthaften Miene ab. Sollst du das Brot, so wie es Gott geschaffen hat, nicht essen können, das Brot, das den hiesigen Bauernmädchen die schöne Haut, die Munterkeit und das feste Fleisch gibt? sagte ich und fing an, es mit meinen Zähnen zu mahlen, denn das fehlt ihm. Ich kaute fort, es war entsetzlich. Zuweilen geriet ich über dem Kauen in ein Lachen und gab die neunzehneinhalb Bissen den Pferden, zuweilen machte ich andächtige Betrach-tungen: Was muß das für ein Gott sein, der Mädchenfleisch aus diesen Sägespänen macht?«

Es gab aber schon bald Stimmen, die die gesundheits-fördernde Wirkung des Brotes hervorhoben. So der Chemiker Justus von Liebig: »In Deutschland wird in vielen Gegenden, namentlich in Westfalen, die Kleie mit dem Mehl

zu dem sogenannten Pumpernickel verbacken, und es gibt kein Land, in welchem die Verdauungswerkzeuge sich in einem besseren Zustande befinden.« Spätestens seitdem der Pumpernickel auf der Tafel des Preußenkönigs Friedrich Wilhelm IV. seinen Platz gefunden hatte, war er allerorten hoffähig geworden.

Was die Entstehung und etymologische Deutung des Wortes »Pumpernickel« angeht, so gibt es dafür die verschiedensten Theorien, ohne daß eine davon gänzlich überzeugen könnte. Fest steht wohl nur, daß die Bezeichnung »Pumpernickel« für das dunkle Brot erstmals im 17. Jahrhundert, gegen Ende des dreißigjährigen Krieges, auftauchte. Davor war in Quellen immer nur einfach von Schwarzbrot die Rede, auch heute noch wird es vielfach »Schwattbraut« oder »Braut« genannt. Doch nun zu den Pumpernickel-Begriffsdeutungen: Eine besagt, daß ein Osnabrücker Bischof für die hungernde Bevölkerung ein schwarzes Brot habe backen lassen, das er »bonum paniculum« (gutes Brötchen) genannt habe; daraus habe sich dann mit der Zeit das Wort »Pumpernickel« entwickelt. Oder wie wär's mit der Geschichte, wonach ein französischer Soldat, der erstmals Bekanntschaft mit dem schwarzen Brot gemacht hatte, dieses mit den Worten »C'est bon pour Nickel« (Das ist gut für Nickel, das Pferd des Soldaten) zurückgewiesen haben soll. Wahrscheinlicher sind da schon die von Sprachforschern angeführten Erklärungen wie »grobschlächtiger Kerl« (wegen des äußeren Erscheinungsbildes des Brotes) oder »polternder Kobold« (möglicherweise wegen der verdauungsfördernden Wirkung des Brotes).

Früher wurde das Brot auf den Höfen im "Backs" nur etwa alle vierzehn Tage gebacken, da der Aufwand sehr groß war, sprich der Teig eine langwierige Vorbehandlung erforderte. So mußten der Bauer oder der Großknecht den Teig aus Roggenschrot mit den Füßen gründlich trampeln und kneten. Danach ruhte der Teig einen oder zwei Tage und wurde dann nochmals bearbeitet. Die bis zu vierzig Pfund schweren Brotlaibe wurden von Hand geformt, erst rund, dann kantig. Damit kein Dampf entweichen konnte, wurden Ofentür oder -ritzen während der Backzeit mit Lehm oder Brotteig »versiegelt«. Da bei vergleichsweise niedrigen Temperaturen gebacken wurde, und der große Teigblock gleichmäßig erhitzt werden mußte, dauerte der Backvorgang oft bis zu 24 Stunden. Der Pumpernickel wurde im Keller aufbewahrt oder in ein feuchtes Tuch eingeschlagen, um die harte Kruste ein wenig zu erweichen.

Bei diesem aufwendigen Arbeitsvorgang ist es verständlich, daß spätestens in der zweiten Hälfte des 19. Jahrhunderts Pumpernickel kaum mehr auf dem Bauernhof gebacken wurde, der Bauer vielmehr seinen vorbereiteten Teig beim Bäcker ablieferte und das fertige Brot später wieder abholte. Heute wird zur Verstärkung des süßlichen Geschmacks dem Teig oft Rübenkraut beigegeben, auch etwas Sauerteig, um eine lockerere Masse zu erhalten. Seinen weltweiten Siegeszug verdankt der Pumpernickel übrigens nicht zuletzt dem aus Münster stammenden Bäcker Limberg, der die Frischhaltung von Pumpernickel in Konserven entdeckte, Voraussetzung dafür, daß das schwarze Brot der Westfalen an Bord der großen Schiffahrtsgesellschaften Hapag und Norddeutscher Lloyd die Reisenden auf allen Weltmeeren erfreuen konnte.

Pumpernickel geht oft in Westfalen eine »entente cordiale« mit Stuten, der regionalen Weißbrot-Spezialität, ein, etwa wenn eine mit Butter und Schinken belegte Stutenschnitte mit einer Scheibe Pumpernickel bedeckt wird. Während heutzutage der Stuten aus reinem Weizenmehl gebacken wird, waren in früheren Zeiten Weizen- und Roggenmehl zu gleichen Teilen darin enthalten, und man gab auch damals schon vereinzelt Zucker oder Schmalz hinzu. Ähnlich wie der Pumpernickel wurde auch der Stuten auf Vorrat gebacken. Alle zwei bis vier Wochen wurde eine entsprechende Zahl von Brotlaiben hergestellt, die bei optimaler Aufbewahrung — meist im Backtrog selbst, der im Keller oder im Backhaus stand — ihre Frische einigermaßen bewahrt haben mochten. Und dann sind die Knabbeln nicht zu vergessen, mehr oder weniger große Stücke, die aus ofenwarmen Stuten gebrochen und noch mal im Ofen geröstet wurden. Aufbewahrt in großen Mehlsäcken, die als Schutz vor Mäusen an Balken der Kornkammer aufgehängt wurden, waren die Knabbeln, mit Milch übergossen und reichlich mit Zucker bestreut, ein leckeres Frühstück — und sind es natürlich auch heute noch. Natürlich darf's statt Milch auch Kaffee sein. Da haben die Westfalen einiges mit den Franzosen gemein, die statt der Knabbeln allerdings Croissants oder Baguettes eintunken.

Eine weitere Stuten-Spezialität ist der Stutenkerl, ein beliebtes Gebäck zum Nikolaustag, womit wir schon fast bei den Süßspeisen sind. Mit Apfeltorte, Plundermilch (ungesäuerte Milch mit Zimt und Zucker), Dickem Reis oder Rhabarberkompott steht er an der Spitze der Beliebtheitsskala. Der Kooken ist trotz seines scheinbar eindeutigen Namens eigentlich kein Kuchen, sondern ein mit recht viel Zucker, Korinthen, Rosinen und getrockneten Birnen verfeinertes Weißbrot, das früher an Sonntagen auf den Tisch kam und zudem um die Weihnachtszeit eine wichtige Rolle spielte. Die »Kookendage«, an denen sich die Nachbarn gegenseitig besuchten und dem »Kooken« entsprechend zusprachen, dauerten von Weihnachten bis Dreikönige. Genau in dieser Zeit wurde dem Gesinde sein — ganze drei Tage dauernder — Jahresurlaub gewährt, um die Familie zu besuchen. Zum Abschied stellte der Bauer die obligatorische Frage »Wo gehste henn?«, und das Gesinde antwortete stets mit »Henn-Kooken!«.

Was den süßen Abschluß der Mahlzeit angeht, so kann das Sauerland mit einer Trouvaille aufwarten, dem Kochbuch oder besser Backbuch der Josephine Boese (1840-1888) aus Altenhellefeld, in dem sie im Jahr 1859 im sauerländischen Küstelberg fast ausschließlich Rezepte für Nachtische aufgeschrieben hatte, die übrigens nicht zur Veröffentlichung bestimmt waren, sondern Notizen waren, die sich die Dame aus gutem Hause anläßlich eines »Lehrköchinnen-Jahres« in einem angesehenen Küstelberger Gasthof gemacht hatte.

Bier — das westfälische Nationalgetränk

Kaum zu glauben, aber wahr, in Westfalen wurde einstens auch mal Weinbau betrieben. Doch die Tropfen aus Höxter, Paderborn, Arnsberg, Warburg, Telgte oder Cappenberg dürften alles andere als edel gewesen sein. Da traf Werner Rolevinck in seinem 1474 veröffentlichten Westfalenbuch den Nagel auf den Kopf, indem er schrieb: »Westphalia terra est non vini-fera, sed virifera« (Westfalen ist kein Rebenland, sondern ein Reckenland).

Nun denn, die »Recken« scheinen in Westfalen schon früh Geschmack an Bier gefunden zu haben, das mit dem heutigen Getränk gleichen Namens aber nicht viel gemein hatte. Die Stadt Dortmund erhielt bereits im Jahr 1293 von König Adolf von Nassau das Braurecht, allerdings nicht umsonst, denn der gute Mann brauchte Geld. Aber schon einige Jahre früher, 1266, wurde Bier in Dortmund erstmals urkundlich erwähnt. Auch in Münster, Bielefeld, Hamm oder Minden wurde bald für die damalige Zeit ordentliches Bier gebraut, mit der Folge, daß man es dort nicht allzu gerne sah, daß die Dortmunder ihr alkoholisches Getränk in immer größeren Mengen exportierten.

Ein »Bierkrieg« war unvermeidlich, zunächst wurden Dortmunder Bierlieferungen beschlagnahmt und ausgeschüttet, und als das nicht den nötigen Erfolg zeitigte, verpflichtete die Dortmunder Konkurrenz Scharfschützen, die Löcher in die Fässer schießen sollten. Gelang es den Dortmundern, eines dieser Schützen habhaft zu werden, so wurde er in ein volles Bierfaß gesteckt und ersäuft.

Schon bald hatte man die Sinnlosigkeit dieses Städtezwistes eingesehen und den Streit durch eine Vereinbarung über die Zulässigkeit bestimmter Dortmunder Bierlieferungen beigelegt. Da Dortmund Mitglied der Hanse war, gelangte sein Bier auf deren Schiffen bald auch nach England, Holland und in die skandinavischen Länder.

Bis zum Jahre 1845 wurde allerorten allein obergäriges Bier gebraut. Apropos obergäriges Bier, da hat Münster mit seinem »Pinkus Alt« einen wichtigen Beitrag zur deutschen Brauereikultur geleistet. Genauer gesagt ist es die Brauerei Pinkus Müller, deren historische Gasträume zu den größten Attraktionen gleichermaßen für Touristen und Einheimi-

1472 erlaubte die Stadt Dortmund, heute Deutschlands und Europas größte Bierstadt, jedem Vollbürger das Bierbrauen. Kleine Hausbrauereien schossen wie Pilze aus dem Boden. Zu diesem Zwecke konnten bei den Rathäusern gegen geringes Entgelt Braupfannen ausgeliehen werden, in die, neben einem süßlichen Mehlbrei aus geröstetem Getreide, Hopfen und Malz gefüllt wurde. Auf dem Land gab es auf den großen Höfen eigene Brauhäuser. Dem Gesinde stand pro Tag eine bestimmte Menge Bier zu.

sche gehören. Durch seine lange Lagerung von sechs bis sieben Monaten erhält das hier ausgeschenkte Altbier mit einem Stammwürzegehalt von ca. 12 % einen weinähnlichen Charakter.

Sehr beliebt ist bei Pinkus Müller auch die Altbierbowle, bei der frische, leicht gezuckerte Früchte mit Altbier in einem Glas aufgefüllt werden. Pinkus Müller kann auch noch mit einer weiteren Bier-Spezialität aufwarten: Bei »Pinkus Special« handelt es sich um ein »Bio-Bier«, sprich Gersten und Hopfen stammen aus biologischem Anbau.

Mit dem Namen »Pinkus« hat es übrigens eine ganz besondere Bewandtnis, dahinter verbirgt sich eine Geschichte, die allerdings nicht ganz stubenrein ist. Carl Müller, der Vater des jetzigen Pinkus Müller-Besitzers Hans, hatte in den ersten Jahren unseres Jahrhunderts bei einer Zechtour mit zwei Freunden dem Altbier etwas zu heftig zugesprochen. Das Bier zeigte damals wie heute die gleiche durchschlagende Wirkung auf die Blase, und so ergab sich für die drei Zechkumpane auf dem Heimweg mangels eines entsprechenden öffentlichen Örtchens ein gewisses Problem, das jedoch auf die sportliche Tour gelöst wurde. Man veranstaltete einfach einen kleinen Wettbewerb, bei dem derjenige als Sieger hervorgehen sollte, der mit Altbiergestärktem Strahl zielsicher die Laterne auf der Promenade auslöschen konnte. Als Carl an der Reihe war, ließ er sich nicht lumpen, und der Laterne wurde punktgenau das Lebenslicht ausgelöscht. Da hatte Carl seinen Spitznamen weg, und da »Pinkulus«, trotz der lateinischen Herkunft, doch zu eindeutig war, suchte man nach einer Kurzform — und »Pinkus« war geboren.

Mit dem Siegeszug der untergärigen Brauweise, der Erfindung der Hefe-Reinzucht, der künstlichen Kühlung etc. erlebten die Dortmunder Brauer in den 70er Jahren des vorigen Jahrhunderts den ersten »Bierboom«. Ein spezieller Biertyp entstand, genannt das »Dortmunder«, ein vollmundiges, weniger stark gehopftes Pils von goldgelber Farbe, das Weltruhm erlangen sollte. Und da war vor allem auch die Markteinführung des Export-Bieres, süffig, weniger gehopft als das Pils, dem es die Dortmunder hauptsächlich verdankten, daß bereits um die Wende zum 20. Jahrhundert mehr als 1,3 Millionen Hektoliter Bier in der Stadt gebraut werden konnten.

Export-Bier war des westfälischen Bierfreundes liebstes Getränk, jedenfalls bis zur Mitte der 60er Jahre, als man allerorten in deutschen Landen auf den Pilsgeschmack kam.

Die Brauereien mußten sich umstellen und neben Export verstärkt auch Pils in ihre Angebotspalette aufnehmen. Eine geschickte Markenpolitik sorgte dafür, daß feines Pils auch in der Top-Gastronomie in wachsendem Maße Freunde fand.

Steinhäger und die »Aollen« Klaren

Vor dem Bier ein Klarer, der den Magen auf kommende Genüsse vorbereitet und Sorge dafür trägt, daß der kühle Gerstensaft oder deftiges Essen besser vertragen werden — in Westfalen ist dies ein alter Brauch. Beim Korn handelt es sich um einen Branntwein, der ausschließlich aus den Getreidesorten Roggen, Gerste, Hafer, Weizen oder Buchweizen hergestellt sein darf. Hier haben wir es also mit einem Reinheitsgebot zu tun, ähnlich dem des deutschen Bieres, das bis auf das 16. Jahrhundert zurückgeht. Von daher wäre auch der Satz verständlich: »Jeder Korn ist ein Klarer (farbloser, nicht oder nur schwach

Der alte Klare – das westfälische Nationalgetränk. An seiner I

aromatisierter Trinkbranntwein mit Mindestalkoholgehalt von 32 %), aber nicht jeder Klarer ist ein Korn.« Im Münsterland wird Korn vor allem aus Roggen gebrannt, was ihm einen kräftigeren, würzigeren Geschmack verleiht, im Unterschied beispielsweise zu den Weizen-Kornbränden mancher Hochsauerländer Kornbrennereien, deren Produkte einen leicht süßlichen Beigeschmack haben. Die frühesten Kornbrennereien standen in Verbindung mit städtischen Brauereien. Auf dem Lande war das Kornbrennen von den Behörden nicht so gern gesehen, die (insbesondere fiskalische) Kontrolle war dort nur beschränkt möglich. Doch die Bauern waren geschickt und erklärten das Kornbrennen als besonders förderlich für

Viehzucht und Viehmast, denn ein Abfallprodukt des Brennens, die sogenannte Schlempe, erwies sich als gutes Viehfutter.

Einen feinen Korn aus einer der kleinen bis größeren Brennereien Westfalens wird vor Ort am liebsten aus gläsernen »Pinekes« oder »Hüüldoppen« oder auch aus Zinnlöffeln getrunken. Eine dem nachmittäglichen Kaffeebesuch angemessene Variante des Korns ist der Aufgesetzte, ein fruchtig-süßlicher Likör, der in Westfalen auch heute noch in vielen Haushalten selbst hergestellt wird. Eine bis zu einem Drittel mit Sauerkirschen oder schwarzen Johannisbeeren und einer fingerdicken Schicht weißem Kandiszucker gefüllte Flasche wird mit Korn aufgesetzt. Bis zur Trinkreife muß der Aufgesetzte mindestens 6 Wochen gut durchziehen.

Neben dem Korn ist es vor allem der Steinhäger, der über die Landesgrenzen hinaus weithin berühmt, gar zur Gattungsbezeichnung für Wacholderbranntwein schlechthin aufgestiegen ist. Doch nur ein vor Ort, in Steinhagen selbst, hergestellter Wacholderbranntwein darf sich mit Zusätzen wie »echt« oder »original« auf dem Flaschenetikett schmücken. Steinhäger wird gewonnen durch Destillation von Wacholderlutter (vergorene und anschließend destillierte Wacholderbeermaische), fein filtriertem Sprit und Wasser. Der fertige Steinhäger (mindestens 38 % vol. Alkoholgehalt) wird in »Glaskruken« oder Tonkrüge abgefüllt.

Die Überlieferung übrigens, wonach ein Schafhirte die Heilwirkung der Wacholderbeeren bei seinen an den Hängen des Teutoburger Waldes weidenden Tieren festgestellt und sich daher geistesgegenwärtig zur Herstellung von Steinhäger entschlossen haben soll, muß ins Reich der Fama verwiesen werden; denn die gesundheitsfördernde Wirkung der Wacholderbeere war schon lange vor Entdeckung der Destillationskunst bekannt.

Nichts zu deuten gibt es allerdings an dem Sachverhalt, daß ursprünglich die Steinhagener nur Hausbrand für den eigenen Bedarf herstellen durften. Erst als der Große Kurfürst Friedrich Wilhelm von Brandenburg sich selbst von den Vorzügen des Steinhägers überzeugt hatte, gab er im Jahre 1688 Steinhagen die Erlaubnis, auch über dieses Quantum hinaus zu brennen.

...ungsmethode hat sich im Prinzip nichts geändert.

Manchen der bei dem kurzen Spaziergang durch die kulinarische Landschaft Westfalens angesprochenen Spezialitäten wird man zweifelsohne bei einer der zahlreichen Festivitäten begegnen, die ihren ersten Platz im Jahresablauf haben. An der Spitze natürlich die Schützenfeste, die heute zwar nicht mehr einige Wochen dauern, aber an denen in der Regel drei Tage lang dem Essen und Trinken zünftig zugesprochen wird. Auf den Spuren von Grimmelshausens Simplicius Simplicissimus kann kulinarisch wandeln, wer sich beispielsweise zur Soester Allerheiligenkirmes aufmacht: die 116 Wirte der idyllischen Stadt mit ihrer mittelalterlichen Wallmauer haben Schinken und Pumpernickel ebenso auf der Karte wie das vom »Jäger in Soest« so gelobte Rindfleisch, angerichtet mit Zwiebelsauce. Auch beim Blättern in dem einen oder anderen Prachtband des Deutschen Kochbuchmuseums

in Dortmunds Westfalen-
park — hier sind mehr als
2000 Kochbücher vom
18. Jahrhundert bis zur
aktuellen Produktion ver-
sammelt — wird man wo-
möglich auf westfälische
Rezepte und Gerichte sto-
ßen. Und wenn man schon
einmal in der Stadt ist, sollte
man dem Brauereimu-
seum, einer Stiftung der
Privatbrauerei Dortmunder
Kronen, einen Besuch ab-
statten. Wer sich selbst ein
genaues Bild von »West-
fälischem Himmel« oder
»Backs« machen möchte,
der sollte einen Rundgang
durch das Mühlenhof-
Freilichtmuseum Münster
machen und sich anschlie-
ßend in einer der gemütli-
chen Kneipen oder Restau-
rants Speisen wie Spanisch
Fricco — Eintopf beste-
hend aus Fleisch, Kartoffeln
und Zwiebeln — munden
lassen. Oder noch besser:
Bei einem der im folgenden
Rezeptteil vorgestellten
Herdkünstler einkehren
und die Klassiker der westfälischen Küche in neuem
Gewande kennenlernen.

Klassiker im neuen Gewand

Meisterköche in Westfalen

Still und heimlich hat sich in den letzten Jahren die Zahl der Feinschmecker-Restaurants in Westfalen vervielfacht. Oft findet man heute in winzigen Orten mit so romantischen Namen wie Harsewinkel und Ottmarsbocholt Restaurants, die von den großen Restaurantsführern mit den höchsten Benotungen ausgezeichnet werden.

Einige dieser Restaurants sind seit Generationen in Familienbesitz. Und so ernst wie die Westfalen es mit der Tradition überhaupt nehmen, so hielten es viele der Söhne mit dem alten Handwerksbrauch der Wanderschaft, während der sie sich bei renommierten Köchen im In- und Ausland verdingten, um dann, nach der Rückkehr ins eigene Haus, mit den Geheimnissen der europäischen Spitzenküche die westfälischen Rezepte zu verfeinern.

Clemens Averbeck

Der »Giebelhof« im Schatten des großen Turms der Dorfkirche von Ottmarsbocholt ist seit Generationen im Besitz der Familie. Kochen und Wein sind jedoch nicht die einzigen Leidenschaften von Clemens Averbeck (Jahrgang 1955). Er ist weit gereist und viel belesen, wie seine Gäste im Gespräch rasch feststellen. Denn heute kümmert er sich zusammen mit seiner Schwester Hildegard so häufig um die Gäste wie um die Küche, die er ohnehin bei seinem Küchenchef Bernhard Diers in besten Händen weiß.

Die »feinen« Gäste des »Giebelhofs« haben im übrigen das ländliche Publikum keineswegs vertrieben. Nach wie vor finden im zweiten Teil des Restaurants, dem »Zeisig«, rauschende Dorfhochzeiten statt.

Bernhard Büdel

Außen wie innen ist »Bürmann's Hof« — »Büdel's Restaurant« ein wahres Kleinod, ein Fachwerkhaus aus dem ausgehenden 17. Jahrhundert, liebevoll restauriert und genauso, wie man sich einen alten Landgasthof aus dem Bilderbuch vorstellt.

Bernhard Büdel ist ein »zugereister« Westfale. Ursprünglich aus Hessen kommend, stand er mehrere Jahre in Gütersloh im »Parkhotel« am Herd, bevor er sich vor zwei Jahren in Verl mit »Bürmann's Hof« selbständig machte.

Sein großes Vorbild ist der Münchner Otto Koch, der zu den ganz Großen der deutschen Spitzenküche zählt.

Ernst-Heiner Hüser

Heinz Poppenborg

Wenn man man das elegante Art-déco-Restaurant der Poppenborgs in Harsewinkel betritt, erwartet man nicht unbedingt westfälische Küche und selbstverständlich gibt es sie auch nicht ausschließlich — immerhin hat Heinz Poppenborg in Michel Guérards weltberühmtem Restaurant im südfranzösischen Eugénie-les-Bains hospitiert. Aber wie bei den Averbecks befindet sich auch bei den Poppenborgs das Restaurant seit Generationen in der Familie, und man pflegt die Tradition voller Stolz. Dazu gehört auch, daß man sich um deutsche Weine kümmert — die weißen — die in beeindruckender Zahl und Qualität auf der Karte vertreten sind.

Trotz des französischen Namens »Auberge le Concarneau« stehen in Hüsers Restaurant in Bielefeld-Senne so viele verfeinerte regionale Gerichte auf der Karte, wie bei kaum einem anderen Kollegen der westfälischen Spitzenküche. Seine Wurzeln hat der gebürtige Paderborner weder während seiner zahlreichen Aufenthalte in Frankreich, u. a. im legendären Pariser »Tour d'Argent« und beim französischen Gastronomie-Papst Gaston Lenôtre noch durch die Heirat mit der charmanten Marie Noël, die den Service leitet, vergessen,

auch wenn Hüser sich gelegentlich als Halb-Franzose bezeichnet.

»Nach Hüsers Saucen könnte man süchtig werden«, lobt der häufig gestrenge Gault-Millau, und das trifft natürlich auch auf Hüsers zweites Restaurant, das ebenfalls denkmals-geschützte »Buschkamp« zu, wo es noch ein wenig west-fälischer zugeht, als in der »Auberge«.

So beeindruckend wie die Speise- sind auch die Wein-karten, und in der »Auberge« läßt Hüser es sich nicht nehmen, seine Gäste bei der Auswahl selbst zu beraten.

Wie die hier genannten vier Köche ihre Kochkunst, die Liebe zum Land und ihre Traditionsverbundenheit in Kombination mit den Geheimnissen und Verfeinerungen der europäischen Spitzenküche umgesetzt haben, das zeigen ihre nun folgenden Lieblingsrezepte (Alle Rezepte jeweils für 4 Personen).

Grünkohlsuppe
mit Graupen und Knochenschinken

Daß Grünkohl nicht nur in Verbindung mit Mettwurst und Speck schmackhaft ist, beweist diese Suppe, die kulinarische Abwechslung in das traditionelle Grünkohlessen bringen kann. Auch hier gilt die Regel: Grünkohl schmeckt am besten nach dem ersten Winterfrost, weil dann überflüssige Bitterstoffe abgebaut sind. Früher fand man ihn in der kalten Jahreszeit fast täglich auf dem Speiseplan, weil er das einzige Frischgemüse war, das jeder Bauernfamilie im eigenen Garten zur Verfügung stand.

150 g Grünkohl

50 g feine Graupen

1 kleine Zwiebel

1 kleine Möhre

1 Kartoffel

50 g Butter

¾ Liter Fleischbrühe

1 Lorbeerblatt

5 Pfefferkörner

3 Pimentkörner

1 Nelke

1 kleine abgezogene Knoblauchzehe

100 g westfälischer Knochenschinken

Muskat

Salz, Pfeffer

1 Bund Petersilie

1. Grünkohl abzupfen und in kochendem Wasser blanchieren; Graupen ebenfalls blanchieren, beides abgießen und abtropfen lassen. Zwiebel abziehen, fein hacken. Möhre und Kartoffel schälen, Möhre in Scheiben, Kartoffel in Würfel schneiden.

2. Zwiebelwürfel, Möhrenscheiben und Kartoffelwürfel in erhitzter Butter anschwitzen und mit Fleischbrühe auffüllen.
3. Lorbeerblatt, Pfefferkörner, Pimentkörner, abgezogene Knoblauchzehe und Nelke in ein kleines Mulltuch binden und der Suppe zufügen. Suppe ca. 25 Minuten kochen.

Nach 10 Minuten Garzeit den Grünkohl und die Graupen zugeben.
4. Gewürfelten Knochenschinken und gehackte Petersilie zum Schluß unterheben. Suppe mit Salz, Pfeffer und Muskat kräftig abschmecken.

Rezept: Bernhard Büdel

Biersuppe

Bevor der Kaffee zum Standardgetränk der Damenkränzchen wurde, gab es in Westfalen die Damen-Bierkränzchen, die sich bei ihren Zusammenkünften mit Gerstensaft gefüllten Bierkrügen zuprosteten. Ihnen hätte zweifellos auch die Biersuppe gemundet. Nicht zu verwechseln mit dem bekannten »Warmbeer«, einer in Fastenzeiten sehr beliebten Milchsuppe. Die Biersuppe hingegen heißt mancherorten auch »Beerwarmbeer«. Zur Geschmacksvariation dieses Rezeptes kann statt der Zimt- auch eine Vanillestange als würzende Zutat verwendet werden. Eine Verfeinerung kann man durch eine Beigabe von Eiern — Eigelb unterziehen, steif geschlagenes Eiweiß als Krönchen — und Korinthen erzielen.

½ l Milch
½ Zimtstange
1 Stückchen Zitronenschale (unbehandelt)
1 Prise Salz
80 g Zucker
2 Eier
Salz
¼ l helles Bier

1. Milch mit Zimt, Zitronenschale, Salz und der Hälfte des Zuckers zum Kochen bringen. Zimtstange und Zitronenschale entfernen.

2. Eier trennen, Eigelb mit restlichem Zucker und Bier vermischen und vorsichtig in die heiße Milch rühren.

3. Eiweiß mit einer Prise Salz zu steifem Schnee schlagen, mit einem Teelöffel kleine Klößchen abstechen, auf die Suppe setzen und bei geschlossenem Deckel 5 Minuten ziehen, dabei nicht kochen lassen. Suppe heiß servieren.

Steckrübensuppe mit Salamiklößchen

1 kleine Steckrübe (400 g)

2 Schalotten

1 EL Distelöl

70 g Butter

1 Zweig Estragon

1 Lorbeerblatt

½ kleine Knoblauchzehe

1 TL Pfefferkörner

6 cl Noilly Prat (ersatzweise
trockener Wermut)

100 ml trockener Weißwein

½ Liter Fleischbrühe

2 Becher Sahne (à 200 g)

Salz, Pfeffer

1 Prise Cayennepfeffer

Salamiklößchen:

100 g westfälische Salami

50 g Schweinehackfleisch

30 g Weißbrot ohne Rinde

75 g Crème fraîche

1 Ei

Salz, Pfeffer

Estragon

1. Steckrübe schälen, eine Hälfte würfeln. Schalotten abziehen und fein hacken. Öl und 30 g Butter erhitzen und die Steckrübenwürfel mit den gehackten Schalotten, Estragon, Lorbeerblatt, abgezogener, zerdrückter Knoblauchzehe und Pfefferkörnern darin andünsten.

2. Mit Noilly Prat und Weißwein ablöschen und mit Fleischbrühe sowie Sahne auffüllen. Bei geringer Hitze ca. 20 Minuten kochen lassen.

3. Suppe mit einem elektrischen Mixstab pürieren und durch ein feines Sieb passieren. Mit Salz, Pfeffer und nach Wunsch Cayennepfeffer abschmecken.

4. Die andere Hälfte der Steckrübe in feine Streifen schneiden, im Rest erhitzter Butter dünsten und als Einlage in die Suppe geben.
5. Für die Klößchen Salami, Hackfleisch, Weißbrot, Crème fraîche und Ei zusammen im Mixer pürieren. Masse mit Salz, Pfeffer und Estragon abschmecken.

Mit 2 Teelöffeln Nocken abstechen und diese in siedendem Salzwasser ca. 3 - 4 Minuten garziehen lassen. Klößchen in die Suppe geben.

Rezept: Bernhard Büdel

Brotsuppe mit Backpflaumen

Ein Rezept, das wenig Zeit bei der Zubereitung erfordert und trotzdem schmackhaft ist. Schon der würzige Geruch der Brotsuppe, läßt selbst eingefleischten Suppenkaspern das Wasser im Munde zusammenlaufen! Zimt, Zucker und Rotwein treten an die Stelle der sonst häufig als Zutaten verwendeten Buttermilch (Buttermilchsuppe) oder auch Biersuppe. Statt der Backpflaumen kann natürlich auch anderes Trockenobst wie Aprikosen verwendet werden.

250 g Backpflaumen ohne Stein

abgeriebene Schale einer halben unbehandelten Zitrone

1 altbackenes Brötchen

1 TL Zimt

2 EL Zucker

1 Glas Rotwein

1. Backpflaumen kurz mit heißem Wasser überbrühen.
2. Mit 1 l Wasser, Zitronenschale und zerbröckeltem Brötchen in einen Topf geben und weich kochen.
3. Durch ein Sieb streichen, mit Zimt und Zucker würzen und mit einem Glas Rotwein aufkochen. Nach Wunsch mit geröstetem Weißbrot anrichten.

Graupensuppe

Von der Finesse des Einfachen – so könnte die Renaissance der Graupe umschrieben werden. Früher ein von Feinschmeckern eher mitleidig belächeltes Getreidekorn, findet man es heute immer häufiger in Kreationen renommierter Küchenmeister – sogar als Begleiter von Luxusprodukten wie Hummer. Die Graupensuppe kann man auch mit Rindfleisch servieren.

50 g Graupen

250 g Kartoffeln

1 kleines Stück Sellerie

1 Möhre

1 Stange Porree

400 g Pökelrippchen

4 geräucherte Mettwürstchen

Salz, Pfeffer

Muskat

gekörnte Brühe

1. Gewaschene Graupen über Nacht in 1 - 1½ l Wasser einweichen. Kartoffeln, Sellerie und Möhre schälen und würfeln. Porree putzen, gründlich waschen und klein schneiden.
2. Graupen mit Einweichwasser und vorbereitetem Gemüse zum Kochen bringen. Gewaschene Pökelrippchen zugeben und alles ca. 2 Stunden bei geringer Hitze garen. Eventuell zwischendurch Wasser angießen.
3. 20 Minuten vor Ende der Garzeit die Mettwürstchen obenauf legen und erhitzen. Graupensuppe mit den Gewürzen herzhaft abschmecken.

Grünkohleintopf

1 kg Grünkohl

2 Zwiebeln

50 g Schweineschmalz

1 Tasse Brühe

Salz, Pfeffer

Zucker

500 g Kartoffeln

4 geräucherte Mettwürstchen

1. Grünkohl putzen, waschen und gut abtropfen lassen, in kochendem Wasser blanchieren und in Streifen schneiden. Abgezogene, gewürfelte Zwiebeln in erhitztem Schmalz anbraten.
2. Kohl, Brühe und Gewürze zugeben und bei mittlerer Hitze ca. 1 Stunde garen. 20 - 25 Minuten vor Ende der Garzeit geschälte, gewürfelte Kartoffeln zugeben und die Mettwürstchen obenauf legen.
3. Mettwürstchen herausnehmen, Grünkohl und Kartoffeln etwas stampfen und kräftig mit den Gewürzen abschmecken. Mit den Mettwürstchen servieren.

Tip:

Grünkohl schmeckt am besten, wenn er einmal Frost abbekommen hat, denn dadurch baut er Bitterstoffe ab.

alle Rezepte: Heinz Poppenborg

127

Schnibbelbohneneintopf

Früher standen fast in jedem Keller des Westfalenlandes große Steintöpfe, in denen die Schnibbelbohnen, auch »Fiezebohnen« genannt, mit Salz konserviert den Winter überdauerten. Sie sorgten nicht nur für die damals zur Winterzeit raren Vitamine, sondern waren ein ebenso nahr- wie schmackhaftes Gemüse. Statt der Mettwürste kann man zu diesem Eintopf auch leckere Mehlpfannekuchen servieren.

500 g grüne Stangenbohnen
1 Liter Fleischbrühe
200 g durchwachsener, geräucherter Speck
500 g Kartoffeln
4 geräucherte Mettwürstchen
½ Teelöffel Bohnenkraut, gerebelt
2 Zwiebeln
20 g Fett zum Braten
20 g Mehl
Salz, Pfeffer
Essig
Zucker

1. Bohnen waschen, putzen, durch eine Schnibbelmaschine drehen oder in feine Scheiben schneiden. In die Brühe geben, Speck zufügen und alles ca. 30 Minuten kochen. Zwischenzeitlich Kartoffeln schälen, würfeln und in Salzwasser garen.
2. Mettwürstchen mit einer Gabel mehrmals einstechen und 10 Minuten vor Ende der Garzeit mit dem Bohnenkraut zu den Bohnen geben.

3. Speck und Mettwürstchen herausnehmen. Mettwürstchen warm stellen, Speck kleinschneiden.
4. Abgezogene Zwiebeln würfeln und in erhitztem Fett anbraten, Speck zufügen und darin knusprig braten.
5. Kartoffeln abgießen, leicht stampfen, mit den Bohnen vermischen, gebratene Zwiebeln und Speck unterheben.
6. Eintopf mit den Gewürzen süß-sauer abschmecken und mit den Mettwürstchen servieren.

Dicke Bohnen mit Speck

Dicke oder auch große Bohnen mit Speck sind seit altersher eines der westfälischen Nationalgerichte, häufig durch die Beigabe von Kartoffeln noch verfeinert. Genauso gut schmeckt die Speise übrigens mit Kasseler als Fleischbeigabe.

1 Zwiebel
125 g durchwachsener Speck
50 g Schmalz
750 g enthülste Dicke Bohnen
1 Sträußchen Bohnenkraut
Salz
4 geräucherte Mettwürstchen
40 g Butter
40 g Mehl
100 ml Sahne

1. Zwiebeln abziehen und wie den Speck in Würfel schneiden. Beides in erhitztem Schmalz andünsten. Dicke Bohnen und Bohnenkraut zugeben, soviel Wasser angießen, daß die Bohnen bedeckt sind. Salzen und alles ca. 30 Minuten garen. 15 Minuten vor Ende der Garzeit die Mettwürstchen obenauf legen.
2. Butter erhitzen, Mehl einstreuen und darin anschwitzen. Die Bohnen damit andicken und mit Sahne verfeinern. Vor dem Servieren mit Salz abschmecken.

Rezept: Heinz Poppenborg

Potthucke

Bei Potthucke (= »Topfhocker«) handelt es sich um ein ursprünglich typisch sauerländisches Gericht, dem eine gewisse Verwandtschaft mit dem rheinischen Reibekuchen nicht abzusprechen ist – mit dem kleinen Unterschied, daß der Potthucke eben zunächst in einer Form gebacken und dann noch einmal gebraten wird. Statt der Mettwurst kann auch durchwachsener Speck verwendet werden.

300 g mehlige gekochte Kartoffeln
600 g mehlige rohe Kartoffeln
200 ml Sahne
4 Eier
300 g westfälische Mettwurst
Salz, Pfeffer
Muskat
Butter für die Form

1. Gekochte Kartoffeln noch heiß durch einen Fleischwolf drehen oder eine Kartoffelpresse drücken. Rohe Kartoffeln reiben und in einem sauberen Küchentuch auspressen.
2. Mit Sahne, Eiern, gewürfelter Mettwurst und den Gewürzen zu einem Teig verarbeiten und diesen in eine gut gefettete Kastenform füllen. Im vorgeheizten Backofen bei 180 Grad ca. 1 1/4 Stunden backen, abkühlen lassen.
3. Potthucke wird in Scheiben geschnitten, in Butter gebraten und nach Wunsch mit westfälischem Schinken und gemischtem Blattsalat serviert.

Rezept: Clemens Averbeck

Töttchen

Die Herkunft des Wörtchens »Töttchen« für dieses feine Ragout, das ursprünglich aus Rindfleisch, Kalbskopf, -lunge und -herz zubereitet wurde, ist nicht gänzlich geklärt. Meist leitet man es von einem französischen Küchenfachbegriff »en tortue« (= auf Schildkrötenart) ab und vermutet, daß gallische Truppen es bei ihrem Aufenthalt während des Krieges im Münsterland in den Sprachgebrauch eingebracht hatten.

700 g Kalbsschulter
2 Zwiebeln
1 Lorbeerblatt
1 Nelke
Salz
2 EL Pflanzenfett
2 EL Mehl
1 Msp. Cayennepfeffer
1 EL Senf
Salz
Saft einer halben Zitrone
Worchestersauce
250 g Champignons
1 TL Butter oder Margarine
1/8 l Sahne

1. Kalbsschulter mit einer abgezogenen Zwiebel, Lorbeerblatt und Nelke in 1 1/2 Litern kochendem Salzwasser ca. 1 1/2 Stunden garen. Fleisch aus der Brühe nehmen, etwas abkühlen lassen. Sehnen und Fett abschneiden. Brühe durch ein Sieb gießen und beiseite stellen. Fleisch in ca. 1-2 cm große Würfel schneiden.
2. Fett in einem Topf erhitzen, die zweite abgezogene, gewürfelte Zwiebel darin glasig dünsten, Mehl zugeben und anschwitzen. Mit Brühe auffüllen und aufkochen lassen. Fleisch in die Sauce geben und alles mit Senf, Salz, Cayennepfeffer, Zitronensaft und Worchestersauce abschmecken.
3. Champignons waschen, putzen und vierteln, in erhitzter Butter kurz anschwenken, abtropfen lassen und unter das Töttchen heben. Töttchen mit Sahne verfeinern, nicht mehr kochen lassen und mit den Gewürzen nochmals abschmecken.

Rezept: Ernst-Heiner Hüser

Westfälisches Blindhuhn

Was sich hinter diesem geheimnisvoll klingenden Rezept verbirgt, wird durch eine andere Bezeichnung, »Gänsefutter«, im wesentlichen verraten. Ganz wichtig dabei ist die Verwendung von säuerlichen Äpfeln. Hat man diese gerade nicht zur Hand, sondern nur süßlicher schmeckende Exemplare, so kann man sich, Henriette Davidis folgend, durch die Beigabe von etwas Essig behelfen.

200 g weiße Bohnen
800 g Gänsefleisch mit Knochen
200 g durchwachsener Speck
1 Bund Petersilie
1 Lorbeerblatt
Salz, Pfeffer
250 g grüne Bohnen
250 g Möhren
250 g Kartoffeln
2 säuerliche Äpfel
2 festkochende Birnen
1 Prise Zucker
Essig nach Wunsch

1. Bohnen waschen und in ca. 1,5 l Wasser über Nacht einweichen. Mit dem Einweichwasser aufkochen. Gänsefleisch, Speck, Petersiliensträußchen, Lorbeerblatt und Salz zugeben und alles ca. 1 Stunde garen. Zwischendurch abschäumen.
2. In der Zwischenzeit die grünen Bohnen waschen, eventuell abfädeln und in Stücke brechen. Möhren, Kartoffeln, Äpfel und Birnen schälen. Äpfel und Birnen entkernen, Gemüse und Obst in kleine Würfel schneiden, und alles zu den weißen Bohnen geben und weitere 30 Minuten kochen lassen.
3. Nach Ende der Garzeit Gänsefleisch, Speck, Lorbeerblatt und Petersiliensträußchen aus der Suppe nehmen, Fleisch in mundgerechte Stücke schneiden und zurück in den Eintopf geben. Blindhuhn mit Salz, Pfeffer, Zucker und, nach Wunsch, mit Essig kräftig abschmecken.

Rezept: Clemens Averbeck

Möppkenbrot

Früher war es kein Problem, die wichtigsten Zutaten für diese westfälische Spezialität bei einer der zahlreichen Hausschlachtungen zu bekommen. Wenn man Glück hatte, war die eine oder andere Blutwurst in der Brühe aufgeplatzt und dem Möppkenbrotliebhaber zum sofortigen Verzehr freigegeben. Es gibt, je nach Landesteil, verschiedene Varianten dieses Rezeptes; so können Roggenschrot oder Roggenmehl auch durch Weizenmehl ersetzt werden.

½ l frisches Schweineblut
½ l Fleisch- oder Wurstbrühe
ca. 250 g Roggenschrot oder Roggenmehl
100 g fetter Speck
75 g Rosinen
Salz, schwarzer Pfeffer
Muskat
Thymian
Piment
Kumin (Kreuzkümmel)
1 Prise Zucker

1. Blut und Fleisch- oder Wurstbrühe verrühren. Nach und nach den Roggenschrot oder das Roggenmehl zufügen, bis ein fester Teig entstanden ist. Speckwürfel und Rosinen unterarbeiten und mit den Gewürzen pikant abschmecken.
2. Den Teig 30 Minuten ruhen lassen, dann zu Knödeln formen und in siedendem Salzwasser ca. 30 - 40 Minuten garen, je nach Größe der Knödel. Das Möppkenbrot ist gar, wenn die Klöße an die Oberfläche steigen. Klöße erkalten lassen.
3. Möppenbrot in Scheiben schneiden und in Schmalz mit Zwiebelringen und Apfelwürfeln braten. Nach Wunsch Rübenkraut, Pumpernickel und Kaffee oder Tee dazu servieren.

Tip:

Schweineblut und Wurstbrühe erhalten Sie bei rechtzeitiger Bestellung bei Ihrem Metzger.

Das Möppkenbrot ist gar, wenn die Klöße an die Oberfläche steigen

Rezept: Heinz Poppenborg

Pumpernickelauflauf mit westfälischem Knochenschinken und Preiselbeermeerrettich

Ein Soufflé, um das selbst verwöhnte französische Feinschmecker die Westfalen beneiden dürften. Hier sind auf geradezu ideale Weise leichte Neue Küche und deftige Regionalküche verbunden worden, unter Verwendung einer ganzen Reihe von westfälischen Klassikern wie Pumpernickel, Knochenschinken, Steinhäger und Rübenkraut. Dazu ein frisch gezapftes Pils, und (nicht nur) der Westfale wird sich im kulinarischen Himmel fühlen.

Pumpernickelauflauf

100 g Pumpernickelbrösel
2 cl Steinhäger
2 Eier
50 g Butter
50 g Zucker
20 g Mehl
1 Prise Salz
1 TL Rübenkraut

Preiselbeermeerrettich

1 Becher Sahne (200 g)
1 TL geriebene Meerrettich (Glas)
1 EL ungesüßte Preiselbeeren (Glas)

1. Pumpernickelbrösel in Steinhäger einweichen. Eier trennen. Butter und Zucker schaumig rühren. Mehl, Eigelb, Salz und Rübenkraut nach und nach zugeben und alles mit eingeweichten Pumpernickelbröseln vermischen.

2. Eiweiß zu steifem Schnee schlagen und vorsichtig unterheben. Masse in gebutterte, mit Mehl ausgestäubte Auflaufförmchen füllen und im vorgeheizten Backofen bei 180 Grad 30-35 Minuten backen.

3. Sahne steif schlagen. Meerrettich und Preiselbeeren unterheben. Auf Tellern Pumpernickelauflauf mit westfälischem Knochenschinken und Preiselbeermeerrettich anrichten. Sofort servieren.

Rezept: Bernhard Büdel

Apfelpfannkuchen in Preiselbeersauce

Ein ebenso einfaches wie wohlschmeckendes Gericht, das sowohl als kleine Mittagsmahlzeit als auch als Dessert serviert werden kann. Das Besondere daran ist natürlich die Sauce mit den frischen Preiselbeeren, die man statt mit Portwein auch mit Hochprozentern parfümieren kann.
Hier gilt: Chacun à son goût.

4 Äpfel
4 EL Mehl
4 Eier
4 EL Milch
4 EL Öl
1 EL Zucker
Butter zum Braten
Puderzucker zum Bestreuen

Preiselbeersauce:

150 g frische Preiselbeeren (ersatzweise ungezuckerte aus dem Glas)
100 g Zucker
4 cl Portwein
150 g Crème fraîche

Rezept: Bernhard Büdel

1. Äpfel schälen, vierteln, entkernen und in Spalten schneiden. Mehl, Eier, Milch, Öl und Zucker mit einem elektrischen Rührstab kräftig aufschlagen.
2. Butter in einer Pfanne erhitzen, ¼ der Äpfel hineinlegen, ¼ des Teiges darüber geben und von beiden Seiten goldbraun backen. Pfannkuchen warm stellen und den Vorgang noch dreimal wiederholen.
3. Für die Sauce Preiselbeeren mit Zucker leicht erhitzen, Portwein zugeben und erkalten lassen. Dann Crème fraîche unterrühren. Pfannkuchen mit Puderzucker bestreuen und auf Preiselbeersauce anrichten. Sofort servieren.

Buchweizenpfannkuchen

Was früher die Hauptspeise der meisten bäuerlichen Familien war, kann heute – mit Speck verfeinert – eine leckere, wenig Zeit und Aufwand erfordernde Zwischenmahlzeit sein.
Als Beilage eignen sich Salat, Pumpernickel oder Bauernbrot. Läßt man den Speck weg, so mundet der Pfannkuchen vorzüglich, wenn man ihn mit Rübenkraut oder auch einfach nur mit Honig bestreicht.

500 g Mehl
¼ l kalter Kaffee
¼ l Milch
4 Eier
Salz, Pfeffer
150 g magerer Bauchspeck
100 g Butter

1. Mehl mit Kaffee und Milch, Eiern, Salz und Pfeffer zu einem Teig verrühren und 2 Stunden quellen lassen. Speck in dünne Scheiben schneiden.
2. Jeweils für einen Pfannkuchen einige Scheiben Speck in einer Pfanne auslassen, das Fett abgießen und durch Butter ersetzen.
3. Etwas Pfannkuchenteig über die Speckscheiben geben und von beiden Seiten goldbraun braten. Buchweizenpfannkuchen mit Pumpernickel und Rübenkraut servieren.

Feldsalat mit Speck und Champignons

200 g Feldsalat

100 g geräucherter, magerer Speck

1 EL Öl

1 Schalotte (30 g)

Salatsauce:

3 EL Öl

2 EL Rotwein-Essig

1 EL Rotwein

Salz, Pfeffer

100 g Champignons

1. Feldsalat verlesen und den Wurzelansatz entfernen. Erst kurz vor dem Servieren mehrmals waschen und trockenschleudern.

2. Speck und abgezogene Schalotte würfeln. 1 EL ÖL in der Pfanne erhitzen, darin den Speck auslassen und die Zwiebelwürfel andünsten.

3. Für die Salatsauce Speck- und Zwiebelwürfel in eine Schüssel geben, mit restlichem Öl, Essig und Rotwein vermischen und mit dem Schneebesen aufschlagen. Zum Schluß mit Salz und Pfeffer abschmecken.

4. Geputzte, in Scheiben geschnittene Champignons und den Feldsalat mit der Marinade vermischen.

Tip:

Als Variation Weißbrotwürfel in erhitzter Butter anbraten und zum Schluß über den Feldsalat streuen. Sofort servieren.

Rezept: Bernhard Büdel

Westfälischer Kartoffelsalat

Kartoffelsalat gibt es in unendlich vielen Variationen, und natürlich schwören die Bewohner einer Region auf ihr jeweiliges Rezept. Das Wichtigste am Kartoffelsalat bleibt aber bei allen unterschiedlichen Gewürzen und Zutaten die Kartoffel selbst. Es gilt also: nur erstklassige, möglichst heimische und nicht durch Konservierungsstoffe auf ewig haltbar gemachte Erdäpfel nehmen!

I kg Kartoffeln
Salz
3 hartgekochte Eier
I Zwiebel
I kleine Salatgurke
I Bund Dill
I Bund Schnittlauch

Salatsauce:

I Becher süße Sahne
I EL Essig
Salz, Pfeffer
Zucker

1. Kartoffeln waschen, in Salzwasser garen, abschrecken, abpellen und auskühlen lassen.
2. Eier pellen und in Scheiben schneiden.
3. Zwiebel abziehen und fein würfeln. Gurke schälen und hobeln.
4. Kräuter waschen, Dill abzupfen und hacken, Schnittlauch in Röllchen schneiden.
6. Für die Salatsauce Sahne leicht anschlagen, mit Essig, Salz, Pfeffer und Zucker abschmecken. Alle Zutaten mit der Salatsauce vermischen und gut durchziehen lassen.

Tip:

Mit Knackwürstchen ein beliebtes Sonntagabend-Essen in Westfalen .

Bohnensalat

750 g grüne Bohnen
Salz
Bohnenkraut
I Zwiebel

Salatsauce:

3 EL Essig
3 - 4 EL Öl
I Prise Zucker
etwas Sahne
Salz, Pfeffer

1. Bohnen waschen, abfädeln, in Stücke schneiden und in Salzwasser mit Bohnenkraut ca. 20 - 30 Minuten bißfest garen, abgießen und abtropfen lassen.
2. Zwiebel abziehen, fein würfeln, mit den Bohnen vermischen.
3. Aus Essig, Öl, Sahne, Zucker, Salz und Pfeffer eine Salatsauce herstellen, über die Bohnen gießen und vermengen. Gut durchziehen lassen, dabei ab und zu umrühren.

Tip:

Bohnensalat schmeckt hervorragend zu Speckpfannekuchen, Kurzgebratenem und Fisch.

Heringssalat

3 Salzheringe
500 g gekochte Kartoffeln
2 hartgekochte Eier
5 Gewürzgurken
I kleines Glas Rote Bete
3 Äpfel
250 g gebratenes Fleisch (Reste)
I Zwiebel

Salatsauce:

250 ml süße Sahne
2 - 3 EL Rote Bete-Saft
3 EL Essig
Salz, Pfeffer
Zucker

1. Salzheringe ca. I Stunde wässern, dann entgräten und in feine Würfel schneiden.
2. Gekochte Kartoffeln, gepellte Eier, Gurken, Rote Bete, geschälte und entkernte Äpfel, Fleisch und abgezogene Zwiebel würfeln.
3. Für die Salatsauce Sahne, Rote Bete-Saft und Essig verrühren, mit Salz, Pfeffer und Zucker abschmecken. Sauce über die Salatzutaten gießen und unterheben. Salat gut durchziehen lassen.

Himmel und Erde

Es zählt nicht nur in Westfalen, sondern auch im Rheinland – vor allem im Kölner Raum – zu den Klassikern der herzhaften Küche – dieses Rezept, das in der hier vorgestellten Fassung besonders im Münsterland viele Freunde hat. Statt wie beschrieben auf einer Platte, kann man das Gericht natürlich auch gleich in der Pfanne auf den rustikal eingedeckten Tisch bringen.

800 g Kartoffeln
Salz
800 g Äpfel
1 EL Zucker
1 EL Zitronensaft
400 g Zwiebeln
50 g durchwachsener, geräucherter Speck
200 ml Milch
1 EL Butter oder Margarine
1 TL Salz
Muskat
400 g einfache Blutwurst

1. Kartoffeln schälen, waschen und würfeln, in Salzwasser ca. 20 Minuten garen. Äpfel schälen, vierteln, entkernen und mit Zucker und Zitronensaft bei geringer Hitze ca. 10 Minuten dünsten.

2. Zwiebeln abziehen und in Ringe schneiden. Fein gewürfelten Speck in einer Pfanne auslassen und die Zwiebelringe darin goldgelb braten.

3. Kartoffeln abgießen, abdämpfen und zerstampfen. Milch mit einem Teelöffel Butter erhitzen, mit Salz und Muskat würzen, nach und nach zu den zerstampften Kartoffeln geben und mit dem Schneebesen verschlagen. Dann die weichen Äpfel zugeben und alles gut verrühren.

4. Zwiebeln und Speckwürfel aus der Pfanne nehmen und im verbliebenen Fett in Scheiben geschnittene Blutwurst von beiden Seiten braten.

5. Himmel und Erde auf einer Platte anrichten, die Blutwurstscheiben darauf legen und mit Zwiebelringen und Speckwürfeln abdecken.

Rezept: Heinz Poppenborg

Zander unter der Kartoffelkruste in Biersauce mit Möhren

4 Zanderfilets à 160 g
100 ml Weißwein

Kartoffelkruste:

100 g gekochte Kartoffeln
1 Eigelb
25 g Butter
Salz
Pfeffer aus der Mühle
Muskat

Möhren:

4 mittelgroße Möhren
10 g Butter
Zucker

Sauce:

100 ml Bier
50 ml Noilly Prat (ersatzweise trockener Wermut)
1 Schalotte
1 Zweig Thymian
1 Lorbeerblatt
1 TL Pfefferkörner
1 kleine Knoblauchzehe
100 ml Fischfond
200 ml Sahne
10 g Butter

1. Kartoffeln durch ein Sieb streichen und mit Eigelb und zerlassener Butter verrühren. Mit Salz, Pfeffer und Muskat abschmecken.

2. Zanderfilets salzen, in eine gefettete, feuerfeste Form legen und die Kartoffelmasse gleichmäßig darauf streichen. Weißwein angießen und den Fisch im vorgeheizten Backofen bei 200 Grad ca. 15 - 20 Minuten backen. Die Kruste sollte goldgelb sein.

3. Möhren schälen und in feine Streifen schneiden. In wenig Wasser mit Butter dünsten und mit Salz und Zucker abschmecken.

4. Für die Sauce Bier mit Noilly Prat in einen Topf geben. Geschälte, fein gehackte Schalotte, Thymianzweig, Lorbeerblatt, zerstoßene Pfefferkörner und abgezogene Knoblauchzehe zufügen und alles auf $1/3$ einkochen lassen.

5. Mit Fischfond und Sahne auffüllen und so lange kochen, bis die Sauce sämig ist.

6. Durch ein Sieb passieren, mit Salz abschmecken und Butterflöckchen unterrühren.

Zanderfilets mit der Sauce und den Möhren servieren.

Rezept: Bernhard Büdel

Forellenfilets auf Porree in Kartoffelsauce

Der Forellen-Reichtum des Sauerlandes, wo der Angler in jedem kleinen Bächlein auf guten Fang hoffen konnte, ist zwar nur noch Geschichte, doch inzwischen kann man für das folgende Gericht durchaus wieder die wichtigste Zutat, die Forelle, vor Ort bekommen. Nicht nur im Sauerland, versteht sich, sondern beispielsweise auch im Teutoburger Wald. Und auch die verwendeten Gemüse zählen zu den traditionellen Produkten des Westfalenlandes, so daß trotz der verfeinerten Rezeptur wahrlich von einem echten regionalen Gericht gesprochen werden kann.

2 Kartoffeln
4 Schalotten
1 große Stange Porree
60 g Butter
100 ml Weißwein
100 ml Fischfond
Salz, Pfeffer
Muskat
1 Zweig Thymian
1 Lorbeerblatt
einige Pfefferkörner
8 frische Forellenfilets
100 ml Sahne
1 kl. Bund Schnittlauch

1. Kartoffeln schälen und in Salzwasser bißfest garen. Schalotten abziehen, fein hacken. Porree putzen, gründlich waschen, das Grüne in feine Streifen schneiden, das Weiße zur späteren Verwendung beiseite stellen.
2. Schalotten und Porreestreifen in 30 g erhitzter Butter andünsten, mit einer in Scheiben geschnittenen

Kartoffel in eine feuerfeste Form geben. Weißwein und Fischfond angießen, die Gewürze zufügen und die Forellenfilets darauf betten. Alles im vorgeheizten Backofen bei 200 Grad ca. 15 Minuten garen.
3. In der Zwischenzeit den zurückbehaltenen Porree in Streifen, Schnittlauch in Röllchen schneiden und beides in restlicher Butter anschwitzen.

Mit Salz und Pfeffer abschmecken.
4. Forellenfilets aus der Form nehmen, warm stellen. Lorbeerblatt und Thymianzweig entfernen. Kartoffel-Lauch-Sud mit Sahne auffüllen, aufkochen lassen.
5. Dann den Gemüsefond mit einem Mixstab pürieren und durch ein Sieb passieren.

Mit Salz, Pfeffer und Muskat abschmecken.
6. Die zweite Kartoffel feinblättrig schneiden und in die Sauce geben. Forellenfilets auf dem Porreegemüse anrichten und mit Sauce übergießen.

Rezept: Bernhard Büdel   139

Räucherfisch auf Sauerkraut

1 Zwiebel

50 g Schmalz

500 g Sauerkraut

1 Lorbeerblatt

2 Wacholderbeeren

Salz, Pfeffer

400 ml Weißwein

4 halbe geräucherte
Senneforellen

200 g geräucherter Aal

4 Bücklinge

1 Schillerlocke

60 g Garnelen

1. Zwiebel abziehen, würfeln und in erhitztem Schmalz glasig dünsten. Sauerkraut zugeben, mit zwei Gabeln auseinanderzupfen, Gewürze zufügen, 200 ml Weißwein angießen und alles ca. 45 Minuten garen.

2. Räucherfische und Garnelen in Weißwein und 200 ml Wasser vorsichtig erhitzen, aber nicht kochen lassen. Abtropfen und auf dem Sauerkraut anrichten.

Tip:

Dazu schmeckt die Sektbuttersauce aus dem Rezept »Klöße von heimischen Fischen«

Rezept: Ernst-Heiner Hüser

Klöße von heimischen Fischen

250 g Hecht
250 g Zander
250 g Forelle oder
Lachsforelle
3 Eiweiß
700 g Crème fraîche
1 TL Salz
1 EL Zitronensaft
1 Prise Cayennepfeffer

Sud:

½ l Fischfond (Fertigprodukt)
oder aus Fischgräten, Haut,
Lorbeerblatt, Zwiebel,
weißen Pfefferkörnern und
Weißwein einen halben Liter
Sud kochen.

Sauce:

⅛ l Sahne
200 g echte Butter
¼ l Sekt
Salz, Pfeffer

1. Fische enthäuten und
entgräten. Das Fischfleisch
zweimal durch die feinste
Scheibe des Fleischwolfs
treiben. Mindestens
2 Stunden kalt stellen.
2. Fischmasse in eine
Rührschüssel geben, steif
geschlagenes Eiweiß unterheben, Crème fraîche
eßlöffelweise vorsichtig
unterziehen.
Mit Salz, Zitronensaft
und Cayennepfeffer
abschmecken.
3. Masse nochmals durch ein
Sieb streichen und gut
durchkühlen lassen.
4. Fischfond oder selbst
zubereiteten Fischsud zum
Kochen bringen.
Mit zwei Löffeln, die immer
wieder in kaltes Wasser
getaucht werden, die
Klößchen abstechen. Im Sud
die Klößchen ca. 10 Minuten
siedend garen.

5. Für die Sauce Sahne
aufkochen und die gekühlte
Butter in kleinen Stücken
unterrühren. Die Sauce mit
einem Handmixer so lange
aufschlagen, bis sie dickt.
Den Sekt mit der höchsten
Stufe des Handmixers unterrühren, und die Sauce
mit Salz und Pfeffer
abschmecken.
6. Die abgetropften Fisch-
klöße auf einem Teller
anrichten und mit der Sekt-
Buttersoße übergießen.

Rezept: Ernst-Heiner Hüser

Sennekarpfen in Wurzelsud

1 Karpfen von 800 - 1000 g
80 g Möhren
80 g Zwiebeln
60 g Knollensellerie
80 g Lauch
2 Petersilienstengel
1 Lorbeerblatt
1 Zweig Thymian
1 TL weiße Pfefferkörner
Salz, weißer Pfeffer
200 ml Weißwein
500 ml kräftige Rinderbrühe
100 g Butter
Saft 1 Zitrone

1. Karpfen ausnehmen,
waschen und der Länge nach
an der Gräte entlang hal-
bieren. Möhren, Zwiebeln,
Sellerie und Lauch putzen,
waschen und in 5 cm lange
Streifen schneiden.
2. In die Fettauffangpfanne
des Backofens das Gemüse,
die Kräuter und Gewürze
verteilen, darauf die beiden
Karpfenhälften legen und mit
Weißwein und Brühe be-
gießen. Im vorgeheizten
Backofen bei 180 Grad
ca. 20 Minuten garen. Die
Karpfenhälften ab und zu mit
der Flüssigkeit begießen.
3. Inzwischen Butter mit
Zitronensaft verrühren und
mit Salz und Pfeffer
abschmecken. Mit einem
Spritzbeutel und Sterntülle
die Zitronenbutter auf
Pergamentpapier spritzen
und kalt stellen.
4. Karpfenhälften und
Wurzelgemüse auf einem
großen, ovalen Teller
anrichten. Mit dem Sud
begießen und mit Zitronenbutter servieren.
Dazu schmecken Salz-
kartoffeln.

Rezept: Ernst-Heiner Hüser

Täubchen mit Sahnewirsing

4 junge,
küchenfertige Tauben
Salz
80 g Butter oder Margarine
200 g Wurzelgemüse
(Porree, Sellerie, Möhren)
200 ml Rotwein
4 Wacholderbeeren
1 Zweig Thymian
1 kleiner Wirsing
2 Becher Sahne (á 200 g)
Salz, Pfeffer
Muskat

Rezept: Ernst-Heiner Hüser

1. Die Tauben abwaschen, trocken tupfen und mit Salz einreiben. In 40 g erhitzter Butter oder Margarine von allen Seiten anbraten.
2. Tauben auf dem Rücken liegend im vorgeheizten Backofen bei 200 Grad ca. 10 Minuten braten, dann warm stellen und ca. 15 Minuten ruhen lassen.
3. Brustfleisch und Keulen auslösen. Knochen klein-hacken. Wurzelgemüse putzen, waschen, klein schneiden und mit den Knochen in restlicher, erhitzter Butter anbraten, mit Rotwein ablöschen und mit Salz würzen. Wacholder-beeren und Thymian

zugeben und alles ca. 15 Minuten köcheln lassen. Sud durch ein Sieb gießen und abschmecken.
4. Inzwischen den Wirsing vierteln, den Strunk heraus-schneiden und den Kohl in feine Streifen schneiden. Wirsing in Salzwasser fast gar kochen, abgießen und gut abtropfen lassen.
5. Sahne zur Hälfte einkochen, den Wirsing zugeben und darin fertig garen. Mit Salz, Pfeffer und Muskat abschmecken.
6. Taubenbrüste und -keulen im Backofen erwärmen und auf dem Sahne-Wirsing anrichten. Mit dem Tauben-fond umgießen.

Hühnerfleisch mit Zwiebelsauce

1 Poularde
1 Möhre
½ Sellerieknolle
1 Stange Lauch
1 Gemüsezwiebel
2 Nelken
1 Lorbeerblatt
1 TL Pfefferkörner
1 Zweig Thymian
Salz

Sauce:
3 Gemüsezwiebeln
50 g Butter
2 cl Essig
½ l Sahne
Salz, Pfeffer

1. Poularde waschen, Gemüse putzen und in grobe Stücke schneiden. Poularde mit Gemüse in 1 l kaltem Wasser aufsetzen und aufkochen lassen. Abschäumen und Gewürze zugeben.
2. Poularde halb zugedeckt bei geringer Hitze ca. 1 ½ - 2 Stunden garen. Poularde herausnehmen, Fleisch von den Knochen lösen und warm stellen.
3. Für die Sauce die Gemüse-zwiebeln abziehen, fein würfeln und in erhitzter Butter glasig dünsten.

4. Mit Essig ablöschen, ½ l Hühnerfond angießen und auf die Hälfte einkochen lassen.
5. Sahne einrühren, und die Sauce so lange kochen, bis sie sämig geworden ist. Mit Salz und Pfeffer abschmecken und zum Fleisch servieren. Dazu schmeckt Reis und Feldsalat.

Rezept: Clemens Averbeck

Wildente mit Backpflaumen

Bei diesem Gericht steckt das Westfälische im Detail. Denn eine Wildente mit Backpflaumen wird man auch auf der Speisekarte anderer deutscher Küchenlandschaften antreffen. Aber das Abschmecken mit Rübenkraut oder Pflaumenmus macht daraus eine regionale Delikatesse, zu der man sich einen samtigen roten Burgunder gönnen sollte.

1 küchenfertige Wildente
Salz, Pfeffer
Beifuß
Rosmarin
150 - 200 g Backpflaumen ohne Stein
1 Becher saure Sahne
1 EL Rübenkraut oder Pflaumenmus

1. Ente waschen, trocken tupfen und außen mit Salz, Pfeffer, Beifuß und Rosmarin kräftig einreiben. Ente mit den Backpflaumen füllen und die Öffnungen zustecken.
2. Im vorgeheizten Backofen bei 200 Grad 1½ - 2 Stunden braten, je nach Größe der Ente. Zwischendurch ca. 2 Tassen Wasser angießen und die Ente hin und wieder mit Bratfond bestreichen.

3. Für die Sauce den Bratfond loskochen, mit Sahne verrühren und mit den Gewürzen und Rübenkraut oder Pflaumenmus abschmecken. Ente mit der Sauce und nach Wunsch mit Kartoffelpüree und Apfelmus servieren.

Rezept: Heinz Poppenborg   143

Hasenpfeffer

Warum nicht mal einen Klassiker der Haute Cuisine à la Westphalie als Festschmaus auf den Tisch zaubern, zumal Wald und Flur der Region mit den Langohren reich gesegnet sind. Als Beilagen sind Rosenkohl, Kartoffelklöße, Preiselbeeren oder auch Apfelmus sehr zu empfehlen.

1 Flasche trockener Rotwein	
1 Möhre	
2 Schalotten	
¼ Sellerieknolle	
1 Lorbeerblatt	
1 EL Pimentkörner	
2 Nelken	
1 Zweig Thymian	
1 Knoblauchzehe	
1 Hase, küchenfertig, mit Herz und Leber	
Salz, Pfeffer	
50 g Butterschmalz	
2 El Tomatenmark	
Essig	
Zucker	
⅛ l Hasen- oder Schweineblut, ersatzweise Crème fraîche	
1 EL Butter	

1. Rotwein mit geputztem und grobgewürfeltem Gemüse und Kräutern aufkochen, erkalten lassen. Den Hasen waschen, trocken tupfen und in Stücke schneiden, über Nacht in die Marinade legen.
2. Fleisch herausnehmen und abtupfen, mit Salz und Pfeffer würzen, in erhitztem Fett von allen Seiten anbraten, herausnehmen und beiseite stellen.

3. Das Gemüse aus der Marinade nehmen, im verbliebenen Bratfett anschmoren, Tomatenmark einrühren und kurz anrösten. Mit Marinade ablöschen, aufkochen lassen und abschäumen. Fleisch zugeben und darin abgedeckt ca. 1 ½ Stunden im vorgeheizten Backofen bei 200 Grad garen.

4. Fleisch aus der Sauce nehmen. Sauce durch ein Sieb passieren und mit Salz, Pfeffer, Essig und Zucker abschmecken. Sauce erhitzen und mit Blut oder Crème fraîche binden.
5. Fleisch in der Sauce erwärmen. Leber und Herz in Würfel schneiden, in erhitzter Butter anbraten und über das Ragout geben.

Rezept: Clemens Averbeck

Westfälischer Sauerbraten

Man findet ihn nur noch selten in besseren Restaurants, den Sauerbraten, und die Wiederentdeckung des Pferdefleisches hat in der Spitzenküche noch nicht stattgefunden. Ein Grund mehr, sich einen guten Metzger zu suchen, der das für das Original nötige Pferdefleisch bereit hält und sich zuhause an die Arbeit zu machen. Der Clou dieses Gerichtes ist natürlich das Kochen mit Altbier und das Abschmecken mit Rübenkraut.

1 Möhre
1 Stange Lauch
¼ Sellerieknolle
1 Gemüsezwiebel
½ l Fleischbrühe
¼ l Rotweinessig
1 TL Zucker
2 Nelken
1 Lorbeerblatt
4 Wacholderbeeren
1 kg Pferdefleisch aus der Schulter, ersatzweise Rindfleisch
2 El Schweineschmalz
200 ml Altbier
Salz, Pfeffer
Rübenkraut

1. Gemüse putzen und in grobe Würfel schneiden. Mit Brühe, Essig, Zucker und den Gewürzen aufkochen und abkühlen lassen. Fleisch in die warme Marinade legen, mit einem passenden Deckel beschweren und ca. 1-2 Wochen kalt stellen (je länger, desto mürber wird das Fleisch). Dabei täglich wenden.

2. Fleisch aus der Marinade nehmen und trocken tupfen. In erhitztem Schmalz von allen Seiten anbraten, mit Bier ablöschen und einkochen lassen. Marinade aufkochen und abschäumen. **3.** Gemüse und ⅓ der Marinade zum Braten geben und zugedeckt ca. 2½ Stunden im vorgeheizten Backofen bei 200 Grad schmoren. Bei Bedarf Brühe nachgießen.

Fleisch aus dem Topf nehmen und warm stellen. **4.** Lorbeerblatt, Nelken und Wacholderbeeren aus der Sauce entfernen. Sauce pürieren und durch ein Sieb passieren. Mit Salz, Pfeffer und Rübenkraut abschmecken. Fleisch in Scheiben schneiden und mit Sauce, Salzkartoffeln und Apfelkompott servieren.

Rezept: Clemens Averbeck

Pfefferpotthast

Auch wenn die Dortmunder besonders stolz auf dieses Gericht sind – fand es doch bereits 1378 in der damaligen Freien Reichsstadt urkundliche Erwähnung – so ist es doch ein im gesamten Westfalenland hochgeschätztes Ragout, das ursprünglich nur aus weniger wertvollen Fleischteilen des Schweins, z.B. Ohren, Schnauze oder Pfoten, gekocht wurde. Eine interessante Bereicherung des obigen Rezeptes für Pfefferpotthast (pott = Topf, hast = gesottenes Fleisch) ist die Zugabe von Schweinerippchen.

1. Zwiebeln abziehen, in feine Ringe schneiden und in erhitztem Schmalz dünsten. Grob gewürfeltes Rindfleisch zugeben und darin anschmoren. Es soll dabei keine Farbe annehmen.
2. Mit Fleischbrühe auffüllen, Gewürze zugeben und alles bei geringer Hitze zugedeckt ca. 1½ Stunden garen.
3. Pfefferpotthast mit Semmelbröseln binden und mit Zitronensaft, Salz und Pfeffer abschmecken. Vor dem Servieren mit Petersilie bestreuen. Dazu schmecken Salzkartoffeln, Gewürzgurken und eingelegte Rote Bete.

800 g Zwiebeln
50 g Schweineschmalz
1 kg Rindfleisch
(Schulter oder Hals)
1 l Fleischbrühe
1 l Pfefferkörner
2 Lorbeerblätter
2 Nelken
Salz, Pfeffer
2 EL Semmelbrösel
Zitronensaft
2 EL gehackte Petersilie

Rezept: Clemens Averbeck

Schweinelendchen im Pumpernickelmantel

4 Schweinefilets à 180 g
Salz, Pfeffer
1 EL Mehl
1 Ei
150 g Pumpernickelbrösel
Fett zum Braten

Sauce:
100 ml Altbier
½ Teelöffel Kümmel
1 Schalotte
1 Lorbeerblatt
200 ml Bratensauce
(Fertigprodukt)
1 TL Honig
1 Apfel
Salz, Pfeffer

1. Schweinefilets mit Salz und Pfeffer würzen, in Mehl wenden und durch das verschlagene Ei ziehen. Dann in Pumpernickelbröseln wälzen und diese gut andrücken.
2. Schweinefilets in erhitztem Fett von allen Seiten ca. 30 Minuten bei geringer Hitze braten. Vor dem Servieren vorsichtig in Scheiben schneiden, damit die Pumpernickelkruste sich nicht löst.
3. Für die Sauce Altbier mit Kümmel, abgezogener, gehackter Schalotte und Lorbeerblatt zum Kochen bringen. Bratensauce und Honig zugeben und unterrühren.
4. Äpfel schälen, entkernen und würfeln, in die Sauce geben und diese kurz kochen lassen, damit sie sämig wird. Vor dem Servieren mit den Gewürzen abschmecken.
5. Nach Wunsch Schweinefilet mit Sauce, Wurzelgemüse aus Steckrüben, Möhren und Kohlrabi sowie Reibeplätzchen servieren.

Rezept: Bernhard Büdel

Spanisch Frikko

Auch wenn der Name dieses Rezeptes alles andere als westfälisch klingt, und man vielleicht an eine neuzeitliche, in den kühlen Norden verschlagene Fassung einer iberischen Spezialität denken könnte, so handelt es sich in Wirklichkeit doch um ein Gericht, das sich beispielsweise schon bei Henriette Davidis findet. Das Wörtchen »Frikko« kann man dabei wohl mit »Ragout« übersetzen. Will man das Rezept etwas abwandeln, so kann man das Rind- durch Schweinefleisch ersetzen oder auch mal eine Mischung halb und halb ausprobieren.

500 g Rindfleisch
4 EL Öl
Salz, Pfeffer
Paprikapulver
⅛ l Brühe
500 g Kartoffeln
500 g Zwiebeln
Fett für die Form
2 - 3 Lorbeerblätter
2 - 3 Nelken
150 g saure Sahne
100 g Crème fraîche

1. Fleisch klein würfeln und in 2 Eßlöffel erhitztem Öl anbraten, mit Salz, Pfeffer und Paprikapulver würzen und 10 Minuten schmoren. Brühe angießen und weitere 10 Minuten garen.
2. Kartoffeln schälen, waschen, in kleine Würfel schneiden und in Salzwasser ca. 15 Minuten kochen, abgießen.

3. Zwiebeln abziehen, in Ringe schneiden und in erhitztem, restlichen Öl goldbraun braten.
4. Eine feuerfeste Form fetten und abwechselnd Fleisch, Kartoffeln und Zwiebeln einschichten, dabei Lorbeerblätter und Nelken zufügen. Die Kartoffelschicht leicht mit Salz bestreuen.

5. Alles mit vom Fleisch übriggebliebener Brühe begießen und im vorgeheizten Backofen bei 175 Grad 10 Minuten garen.
6. Saure Sahne und Crème fraîche verrühren, über das Frikko streichen. Weitere 30 Minuten garen und heiß servieren.

Rezept: Heinz Poppenborg

Marinierte Lammkeule

3 Knoblauchzehen
250 g Wurzelgemüse
(Porree, Sellerie, Möhren)
1 Zweig Thymian
1 Zweig Salbei
2 Lorbeerblätter
5 Wacholderbeeren
1 TL Pfefferkörner
½ l Weißwein
½ l Rotwein
1 Lammkeule (ca. 3 kg)
Salz, Pfeffer
Fett zum Braten
8 mittelgroße rote Zwiebeln
2 EL Mehl

1. Abgezogene Knoblauchzehe, geputztes, kleingeschnittenes Wurzelgemüse, Kräuter, Gewürze und Wein in eine Schüssel geben und die Lammkeule darin ca. 24 Stunden marinieren. Dabei hin und wieder wenden.
2. Die Keule aus der Marinade herausnehmen, gut abtrocknen, mit Salz und Pfeffer einreiben und in erhitztem Fett rundum anbraten. Abgetropftes Wurzelgemüse dazugeben, kurz mitschmoren lassen und mit der Marinade auffüllen.
3. Zwiebeln so schälen, daß der Wurzelansatz unbeschädigt bleibt, so bleiben Zwiebeln beim Garen ganz. Zwiebeln zur Lammkeule geben und alles bei 80 - 100 Grad ca. 5 - 6 Stunden im vorgeheizten Backofen zugedeckt garen.
4. Die Lammkeule und Zwiebeln herausnehmen und auf einer Platte anrichten.
5. Für die Sauce das Fett abschöpfen. Sauce durch ein Sieb passieren und mit in Wasser angerührtem Mehl binden, aufkochen und mit den Gewürzen abschmecken.

Rezept: Ernst-Heiner Hüser

Hammelragout mit Steckrüben und Möhren

Beim Stichwort Hammel mögen manche Gourmets, insbesondere Freunde der Neuen Küche, vorschnell entsetzt abwinken ob des oft intensiven Geschmacks. Doch spätestens, nachdem sie die hier präsentierte Rezeptur ausprobiert haben, verfeinert durch die Steckrüben- und Möhren-Beigabe, werden sie ihr Vorurteil garantiert revidieren.

500 g Lammschulter
Salz, Pfeffer
3 EL Öl
2 Zwiebeln
1 Zweig Thymian
1 Zweig Rosmarin
1 Lorbeerblatt
1 Knoblauchzehe
1 EL Tomatenmark
200 ml kräftiger Rotwein
½ l Fleischbrühe
1 kleine Steckrübe
4 mittelgroße Möhren
2 Kartoffeln
1 Bund Petersilie

1. Fleisch waschen, trocken tupfen, würfeln, mit Salz und Pfeffer würzen und in erhitztem Öl anbraten. Zwiebeln abziehen, hacken, mit den Kräutern und abgezogener, zerdrückter Knoblauchzehe zum Fleisch geben und anschmoren.
2. Tomatenmark unterrühren, mit Rotwein und Brühe auffüllen und alles bei geringer Hitze ca. 1½ Stunden schmoren.
3. Steckrübe, Möhren und Kartoffeln schälen, in gleichmäßige, fingerdicke Streifen schneiden und ca. 20 Minuten vor Ende der Garzeit zum Fleisch geben. Ragout vor dem Servieren kräftig abschmecken, Lorbeerblatt, Thymian- und Rosmarinzweig entfernen und den Eintopf mit gehackter Petersilie bestreuen.

Rezept: Bernhard Büdel

Milchreis

Weltberühmt wurde die »adlige« österreichische Milchreisvariante, »Reis Trauttmansdorff«. Ob allerdings der im 19. Jahrhundert lebende österreichische Staatsmann Ferdinand Graf Trauttmansdorff der Namensgeber war, oder Graf Maximilian, der wesentlich am Zustandekommen des Westfälischen Friedens von 1648 beteiligt war, darüber streiten sich die Küchengelehrten. Für ein westfälisches Kochbuch ist natürlich die zweite Version die schönere. Graf Maximilian könnte dann Ahnherr dieses Milchreis-Rezeptes gewesen sein . . .

150 g Rundkornreis
¾ l Milch
1 Vanillestange
1 Stückchen Zitronenschale (unbehandelt)
100 g Zucker
1 Prise Salz
50 g Butter

1. Reis waschen, Vanilleschote aufschlitzen und auskratzen. Milch mit Vanillemark- und -schote, Zitronenschale, Zucker und Salz zum Kochen bringen, Reis einstreuen und bei geringer Hitze ca. 20 Minuten ausquellen lassen. Ab und zu umrühren.
2. Zitronenschale und Vanillestange entfernen und die Butter unterziehen. Milchreis warm oder kalt mit Kompott oder frischem Obst servieren.

Rezept: Clemens Averbeck

Pumpernickelcreme mit Altbierschaum

Pumpernickelcreme

½ Vanillestange

150 ml Milch

2 Eigelb

150 g Zucker

1 Prise Salz

3 Blatt Gelatine

15 g gehackte Mandeln

1 EL pürierte Rum-Rosinen

75 g Pumpernickel

1 cl Rum

150 ml Sahne

Altbierschaum

4 Eigelb

50 g Zucker

1 Prise Salz

200 ml Altbier

Saft einer ½ Zitrone

1. Vanilleschote aufschlitzen und Mark herauskratzen. Milch mit dem Vanillemark und der Schote in einem Topf zum Kochen bringen. Danach die Vanilleschote herausnehmen.

2. Eigelbe mit Zucker und Salz dickschaumig aufschlagen, langsam die heiße Milch auf die Eigelbmasse gießen, danach in den Topf zurückgeben und unter Rühren erhitzen, bis die Creme dicklich wird. Nicht kochen lassen.

3. Die nach Vorschrift eingeweichte und ausgedrückte Gelatine in der heißen Masse auflösen und alles durch ein Sieb passieren.

4. Gehackte Mandeln ohne Fett in einer Pfanne rösten und mit pürierten Rum-Rosinen, feingewürfeltem Pumpernickel und Rum unter die Creme heben.

5. Creme leicht anstocken lassen, die steif geschlagene Sahne unterziehen und in Portionsschalen oder in eine Schüssel füllen.

6. Für den Altbierschaum alle Zutaten verrühren und im heißen Wasserbad aufschlagen. Sofort servieren.

7. Pumpernickelcreme auf Teller stürzen. Altbierschaum angießen und nach Wunsch mit gerösteten Mandelblättchen garnieren.

Rezept: Ernst-Heiner Hüser

151

Lebkuchenauflauf in Biersabayon

Wer einmal den berühmten Aachener Printenauflauf im Aachener Gourmettempel »Gala« probiert hat, der wird sicher die hier vorgestellte westfälische Variante mit Biersabayon zu schätzen wissen.

An kalten Winterabenden stimmt es auf die Advents- und Weihnachtszeit ein.

Lebkuchenauflauf

140 g gemahlener Lebkuchen
4 cl lauwarme Milch
1 Messerspitze abgeriebene Schale einer unbehandelten Zitrone
80 g Kuvertüre
4 Eigelb
80 g Butter
50 g Zucker
60 g gehackte Nüsse
4 Eiweiß

Biersabayon

1 Eigelb
2 cl Läuterzucker (1 Teil Zucker, 1 Teil Wasser)
4 cl Altbier
1 Teelöffel Honig
1 kleine Prise Zimt

1. Lebkuchenbrösel in Milch mit Zitronenschale einweichen. Kuvertüre schmelzen.

2. Eigelbe im heißen Wasserbad schaumig schlagen und die Kuvertüre unterrühren. Dann mit den eingeweichten Lebkuchenbröseln vermengen.

3. Butter mit 40 g Zucker schaumig rühren und mit den Nüssen unter die Lebkuchenmasse heben.

4. Eiweiß mit 10 g Zucker zu festem Schnee schlagen und vorsichtig unter die Auflaufmasse ziehen. In eine gefettete Auflaufform füllen und im heißen Wasserbad im vorgeheizten Backofen bei 200 Grad ca. 40 Minuten backen.

5. Für den Biersabayon alle Zutaten im Wasserbad schaumig aufschlagen und den Auflauf servieren.

Rezept: Bernhard Büdel

Arme Ritter

Wie der Name dieses Rezeptes bereits unschwer erraten läßt, tummelten sich die Armen Ritter nicht auf den Herrschaftstafeln früherer Zeiten, sondern den kargen Tischen der Bauern. Es war eine preiswerte Speise, die sich das arme Landvolk täglich ohne großen Aufwand zubereiten konnte, sättigend und wärmend.
Doch wenn man die Armen Ritter mit Kompott anrichtet, so wird aus der schnöden Süßspeise plötzlich ein ebenso leckeres wie originelles Dessert.

8 Scheiben nicht zu frisches Weißbrot oder 4 halbe altbackene Brötchen
200 ml Milch
3 Eier
1 Prise Salz
1 EL Zucker
Semmelbrösel
Fett zum Braten
Zimtzucker

1. Weißbrot oder Brötchenhälften auf eine flache Schale legen. Milch mit Eiern, Salz und Zucker verschlagen. Mischung über die Weißbrotscheiben gießen und einziehen lassen.
2. Brotscheiben vorsichtig herausnehmen, in Semmelbröseln wälzen und in erhitztem Fett von beiden Seiten braten. Mit Zimtzucker bestreuen und heiß servieren. Dazu nach Wunsch Kompott servieren.

Zwiebackpudding

Wer es sich unnötig schwer machen möchte, der kann auf gute westfälische Art seinen Zwieback für dieses Rezept selbst herstellen, wozu er die Zutaten Mehl, Milch, Eier, Hefe, Butter, Zucker, Salz benötigt.
Doch Heinz Poppenborg versichert, daß dieses Dessert mit handelsüblicher Ware mindestens ebenso gut gelingt.

4 Eier
½ l Milch
60 g Zucker
1 Päckchen Vanillezucker
2 EL Speisestärke
10 Zwiebäcke
Butter für die Form
50 g Kokosflocken

1. Eier mit Milch, Zucker, Vanillezucker und Speisestärke verrühren und den Zwieback darin einweichen. Eine Puddingform einfetten.
2. Eine Schicht eingeweichten Zwieback einfüllen und mit Kokosflocken bestreuen. Vorgang solange wiederholen, bis der Zwieback aufgebraucht ist.
3. Pudding im kochenden Wasserbad ca. 75 Minuten garen. Dazu schmeckt eine warme Weinschaumsauce.

Apfeltorte mit Vanillesauce

Bratäpfel

Aufwendige, raffinierte Torten zu backen, das paßte bis ins 20. Jahrhundert nicht in den Zeitplan westfälischer Hausfrauen — die Brauttorte nach Henriette Davidis ist da, wie der Name schon sagt, ein nicht alltäglicher Sonderfall. Wenn es ganz schnell gehen sollte, wurde für das folgende Rezept statt der Apfelscheiben einfach Apfelmus genommen, zur Verzierung einige Teigstreifen über das Mus gelegt, das Ganze mit Zucker und geschlagenem Eigelb bestrichen und gleich in den Backofen geschoben.

Apfeltorte

4 Äpfel
Fett für die Form
200 g Butter
175 g Zucker
5 Eigelb
250 g Mehl

1. Äpfel schälen, vierteln, entkernen und in Spalten schneiden. Eine gefettete feuerfeste Form mit den Apfelspalten schuppenartig auslegen.
2. Butter und Zucker schaumig rühren, nach und nach die Eigelbe und das Mehl zugeben. Teig über die Äpfel füllen und die Torte im vorgeheizten Backofen bei 180 Grad ca. 30 Minuten backen.

Tip:

Das übriggebliebene Eiweiß können Sie für Makronen weiterverwenden. Die Torte läßt sich aber auch anstatt mit 5 Eigelben mit 2 ganzen Eiern zubereiten.

Vanillesauce:

¼ l Milch
20 g Zucker
½ Vanilleschote
2 Eigelb

1. Milch mit Zucker und aufgeschnittener Vanilleschote zum Kochen bringen. Topf vom Herd nehmen.
2. Die Eigelbe erst mit etwas heißer Milch verrühren, dann in die restliche Milch geben.
3. Sauce unter Rühren so lange erhitzen, bis sie eine gute Bindung hat, sie aber nicht mehr kochen lassen.

Als kleine Alternative zu den beliebten Apfelstückchen — auch Apfel im Schlafrock genannt — kann dieses Gericht angesehen werden, das man sowohl als Dessert als auch zum Kaffee anbieten kann. Danach anstelle des Klaren vielleicht mal ein Gläschen Calvados als Digestif, und man wird sich fühlen wie der liebe Gott in Westfalen.

4 feste, säuerliche Äpfel (z.B. Boskop, Cox Orange)
50 g Marzipan
1 EL gestiftelte Mandeln
1 EL gewaschene Rosinen
50 g Puderzucker
2 cl Rum
50 g Butter

1. Äpfel waschen, Kerngehäuse ausstechen. Die übrigen Zutaten vermengen und die Äpfel damit füllen.
2. Äpfel im vorgeheizten Backofen bei 180 Grad ca. 20-25 Minuten backen. Nach Wunsch mit Vanillesauce servieren.

Kastenpickert

Der Name »Pickert« taucht erstmals um das Jahr 1800 auf, damals allerdings noch in der Schreibweise »Pikker«. Es gibt ihn in verschiedenen Varianten, neben dem Kastenpickert ist vor allem noch der Lappenpickert sehr beliebt, der auf eckigen oder runden Gußeisenplatten gebacken wird; den Lippischen Pickert nicht zu vergessen, den man mit Rosinen verfeinert. Ganz wichtig zu beachten: Fett, möglichst wenig, braucht man beim Pickert nur zum Backen, damit der Teig nicht (-an)pickt – und damit man die schöne Scheibe Pickert ohne Gewissensbisse dick mit Butter bestreichen kann.

500 g Mehl
30 g Hefe
50 g Zucker
250 ml Milch
1 kg Kartoffeln
2 Eier
1 gestr. TL Salz
abgeriebene Schale einer unbehandelten Zitrone
250 g Rosinen
Fett und Paniermehl für die Form
Butter zum Aufbraten

1. Mehl in eine Schüssel geben, in die Mitte eine Vertiefung machen, Hefe hineinbröckeln und mit etwas Zucker und etwas Milch zu einem Vorteig verrühren. Zugedeckt an einem warmen Ort gehen lassen, bis sich der Vorteig verdoppelt hat. Gehzeit ca. 30 Minuten.

2. Kartoffeln schälen, reiben und gut ausdrücken.

3. Restlichen Zucker und Milch, Eier, Salz, abgeriebene Zitronenschale und Kartoffeln zum Vorteig geben und alles gut verkneten. Zuletzt die Rosinen unterarbeiten und den Teig nochmals ca. 30 Minuten gehen lassen.

4. Teig in eine gut gefettete, mit Paniermehl ausgestreute Kastenform (30 cm) geben und im vorgeheizten Backofen bei 200 Grad ca. 60 - 80 Minuten backen.

5. Kastenpickert abkühlen lassen, in fingerdicke Scheiben schneiden und kurz vor dem Verzehr von beiden Seiten in heißer Butter braten.

Tip:

Servieren Sie zum Kastenpickert Butter, grobe Leberwurst, Pflaumenmus und natürlich Kaffee. Diese Art ist vorwiegend im Raum Ravensberg und Lippe-Schaumburg bekannt.

Bauernstuten

Während man heute zum Backen der Bauernstuten meist nur noch reines Weizenmehl verwendet, wurde früher für die Teigzubereitung Weizen- und Roggenmehl je zu gleichen Teilen genommen. Warum nicht mal diese Variante ausprobieren, vielleicht auch zu den im Rezept angegebenen Zutaten noch etwas Zucker hinzugeben. Eine besondere Spezialität zu Nikolaus ist im Westfalenland der Stutenkerl, der nicht nur die Kinder auf dem Süßigkeitenteller erfreut.

1 kg Mehl
1 Würfel frische Hefe (42 g)
1 gestrichener EL Zucker
½ l lauwarme Milch
1 TL Salz
60 g Schweineschmalz
Fett für das Blech

1. Mehl in eine Schüssel geben, in die Mitte eine Vertiefung machen, Hefe hineinbröckeln und mit dem Zucker und etwas Milch zu einem Vorteig verrühren. Zugedeckten Vorteig an einem warmen Ort ca. 30 Minuten gehen lassen.

2. Restliche Milch, Salz und Schmalz zugeben und alles zu einem glatten Teig verkneten. Teig so lange schlagen, bis er sich vom Schüsselrand löst. Zugedeckt an einem warmen Ort ca. 30 Minuten gehen lassen.

3. Teig zu einem Laib formen, auf ein gefettetes Backblech legen, nochmals ca. 15 Minuten gehen lassen und im vorgeheizten Backofen bei 200 Grad ca. 60 Minuten backen.

Tip:

Bauernstuten wird in Westfalen gerne mit Butter bestrichen und einer Scheibe Pumpernickel belegt gegessen.

Auch als die beliebten »Knabbeln« werden die Bauernstuten verzehrt. Sofort nach dem Backen in große Stücke brechen und bei 100 Grad im Backofen goldgelb rösten. Die „Knabbeln" zerstückeln, mit Zucker bestreuen und mit Milch oder Milchkaffee übergießen.

Peter Lempert

»99 Gute Stuben in Westfalen«

Die folgenden 99 Empfehlungen für anspruchsvolles Essen und Trinken in Westfalen, natürlich nur eine kleine Auswahl aus dem großen kulinarischen Angebot des Landes, sollen zum einen als kleiner Gastro-Wegweiser verstanden werden, zum anderen beispielhaft die Vielfalt der Speisen-offerten dokumentieren, die man – zugegebenermaßen auf ganz unterschiedlichem Qualitätsniveau – sowohl in westfälischen Gourmet-Tempeln als auch in einfacheren Restaurants à la carte finden kann.

Petershagen
Bad Oeynhausen
Rheine
Tecklenburg
Gronau
Neuenkirchen
Herford
Metelen
Ladbergen
Ahaus
Bad Rothenfelde
Bad Salzuflen
Versmold
Bielefeld
Telgte
Harsewinkel
Steinhagen
Coesfeld
Münster
Warendorf
Gütersloh
Detmold
Nottuln
Senden
Verl
Rheda Wiedenbrück
Isselburg
Oelde
Hövelhof
Raesfeld
Rietberg
Schermbeck
Hamm
Wadersloh
Datteln
Dorsten
Olfen
Bergkamen
Recklinghausen
Lünen
Geseke
Herten
Castrop-Rauxel
Soest
Unna
Gelsenkirchen
Dortmund
Möhnesee
Bochum
Rüthen
Witten
Schwerte
Hattingen
Hemer
Brilon
Hagen
Sprockhövel
Meschede
Lüdenscheid
Schmallenberg
Winterberg
Attendorn
Hilchenbach
Bad Laasphe
Siegen
Wilnsdorf

Die Gasthäuser und Restaurants sind auf den nächsten Seiten aufgeführt, jeweils nach ihren Orts- oder Städtenamen in alphabetischer Reihenfolge geordnet.

Ahaus

Ratshotel Rudolph – Wilder Wein

Klaus Rudolph bietet den Feinschmeckern aus nah und fern nun schon seit Jahren eine feine Küche in seinem Restaurant »Wilder Wein«. Wobei das Ambiente der beiden ineinander übergehenden Speiseräumlichkeiten geprägt wird von warmem Holz und feiner Tafelkultur. Neben dem »Ratshotel« führt der rührige Patron zudem noch das nahe »Schloßhotel«, in dessen elegant eingerichtetem Restaurant vornehmlich regionale Spezialitäten serviert werden.

Coesfelder Straße 21-23
48683 Ahaus
Tel. (0 25 61) 91 10
Geöffnet: 12-15/18-23 Uhr
Menüs 49,50 bis 69,– DM
Hauptgerichte 31,50 bis 38,50 DM

Attendorn

Burghotel Schnellenberg

Die Burgruine, die heute von der Familie Bilsing geführt wird, geht auf das Jahr 1222 zurück. Wuchtige Wachtürme bestimmen das äußere Erscheinungsbild. Das Restaurant gefällt mit weiß getünchtem Kreuzgewölbe, gobelinbezogenen Stühlen, Adelsporträts als Wandschmuck oder schönem Kamin. Die Küche ist international ausgerichtet mit Offerten wie einer Kaninchenroulade mit Mangoldgemüse.

Burg Schnellenberg
57439 Attendorn
Tel. (0 27 22) 69 49
Geöffnet: 12-14/18-21.30 Uhr
Menüs 65,– bis 115,– DM
Hauptgerichte 35,– bis 55,– DM

Le Paté

Es liegt etwas versteckt in einer ruhigen Wohnsiedlung, das Restaurant »Le Paté«, in dem die Familie Rüsche nun schon seit Jahren eine erstklassige Küche bietet. Warme Erdtöne bestimmen das Interieur, optisches Highlight sind die in leuchtendem Rot bezogenen Stühle. Der Service agiert stets tadellos, den Leistungen von Rolf Rüsche am Herd durchaus ebenbürtig. Man probiere beispielsweise das Rote Bete-Süppchen mit Seeteufel oder die Terrine von Edelfischen.

Neu-Listernhohl
Alte Handelsstraße 15
57439 Attendorn
Tel. (0 27 22) 75 42
Geöffnet: 18.30-21.30 Uhr
Ruhetag: Sonntag/Montag
Menüs 74,– bis 105,– DM
Hauptgerichte 29,– bis 42,– DM

Bad Laasphe

L'école

Wie der Name schon erraten läßt, handelt es sich beim »L'école« um eine ehemalige Schule, in derem einstmaligen Klassenzimmer eines der elegantesten Restaurants der Republik eingerichtet wurde. Alles nur vom Feinsten samt sandfarbenem Kachelofen, Seidentapeten, erlesener Tafelkultur oder modernem Bilderschmuck. Patron Michael Debus bietet in diesem exquisiten Rahmen eine der besten deutschen Küchen, nouvelle angelegt mit zahlreichen eigenen Kreationen. Köstlich z.B. das Süppchen von frischen Erbsen mit Steckrübenravioli, der Schottische Lammrücken in Kräuterjus oder das Savarin von weißer Schokolade auf Vanille-Kaffeesauce. Dazu eine Top-Weinkarte mit Schwergewicht auf französischen Kreszenzen.

Hesselbach
Hesselbacher Straße 23
57334 Bad Laasphe
Tel. (0 27 52) 53 42
Geöffnet: 12-14/18.30-22 Uhr
Ruhetag: Samstagmittag/Montag/Dienstag

Bad Oeynhausen

Gasthaus Buchenhof

Westfalen wie es im Buche steht, das wird der Gourmet in diesem alten, prächtig restaurierten Fachwerkhaus aus dem Jahr 1800 antreffen. Wobei das Interieur mit dunklen Balken, Steinfußboden und nostalgischen Lampen hält, was das schöne Äußere verspricht. Überraschend das hier inzwischen erklommene kulinarische Level, deliziös beispielsweise die Praline von Gamba und Jakobsmuschel oder der kroß auf der Haut gebratene Loup de mer.

Bergkirchen
Knicksiek 9
32549 Bad Oeynhausen
Tel. (0 57 34) 38 78
Geöffnet: 18-23 Uhr
Ruhetag: Montag/Dienstag
Menüs 55,– bis 129,– DM
Hauptgerichte 40,– bis 46,– DM

Bad Rothenfelde

Zur Post – Alte Küche/Gute Stube

Ein dekorativer Herd aus Großmutters Zeiten ist das originellste Einrichtungselement in der »Alten Küche« (samt Kachelwänden oder schwarzweiß gemustertem Fußboden). Aber auch in der mit warmem Holz ausstaffierten »Guten Stube« läßt es sich in der »Post« angenehm tafeln, beispielsweise bei in Kräuterbutter gebratenem Zanderfilet.

Frankfurter Straße 2
49214 Bad Rothenfelde
Tel. (0 54 24) 10 66/67
Geöffnet: 11-15/18-23 Uhr
Menüs 25,– bis 50,– DM
Hauptgerichte 15,– bis 35,– DM

Bad Salzuflen

Arminius – Varus

Mitten in der Altstadt trifft man auf diesen aus mehreren Giebelhäusern zusammengesetzten Hotelkomplex, der auch ein auf drei Ebenen angelegtes Restaurant namens »Varus« beherbergt. Das Ambiente stilvoll mit hellem Holz, originellen Lampen, hübschen floralen Stoffmustern sowie gepflegter Tafelkultur. Wer hier einkehrt, darf sich freuen auf eine Schneckensuppe unter der Blätterteighaube oder auf Kaninchen in Gewürztraminersauce.

Ritterstraße 6
32105 Bad Salzuflen
Tel. (0 52 22) 53 07 90
Geöffnet: 12-14/18-22 Uhr
Menüs 38,– bis 78,– DM
Hauptgerichte 22,50 bis 42,– DM

Maritim – Die Trüffel

Die Restaurants der bekannten Hotelkette zeichnen sich allesamt durch ein hochelegantes Ambiente aus. Da macht auch die »Trüffel« mit ihrer lindgrünen Holzvertäfelung oder der feinen Tafelkultur keine Ausnahme. Aber hier im Bad Salzufler Haus wird löblicherweise auch eine gute Küche geboten, für die eine Galantine von Wachtel mit Gänseleber und Rhabarber stellvertretend genannt sein soll.

Parkstraße 53
32105 Bad Salzuflen
Tel. (0 52 22) 18 16 22
Geöffnet: 19-23 Uhr
Ruhetag: Sonntag/Montag
Menüs 79,– bis 139,– DM
Hauptgerichte 36,– bis 48,– DM

Bergkamen

Dorfstad'l

Hinter der Fassade eines alten Fachwerkhauses verbergen sich verschiedene gastliche Stuben, denen dicke Eichenbalken, Kachelofen oder allerlei dekorativer Zierat – von der Standuhr über Püppchen bis hin zum nostalgischen Plüschsofa – ein überaus behagliches Flair verleihen. Schön, daß hier auch die Küche gehobenen Ansprüchen gerecht wird, z.B. bei einem zarten Kalbsrückensteak in der Senfkruste.

Weddinghofen
Goekenheide 57
59192 Bergkamen
Tel. (0 23 07) 6 72 07
Geöffnet: 11-14.30/18-23 Uhr
Ruhetag: Sonntag
Menüs 30,– bis 55,– DM
Hauptgerichte 20,– bis 40,– DM

Bielefeld

Auberge le Concarneau

Ernst-Heiner Hüser hat sein Restaurant nach der in der Bretagne gelegenen Partnerstadt Bielefelds benannt. Klar, daß auch seine Küche klassisch-französisch orientiert ist. Das Ambiente in dem Zweiständehaus aus dem Jahr 1756 ist nostalgisch-rustikal mit viel dunklem Holz, großem westfälischen Kamin, behaglichen Sitznischen und feinster Tafelkultur (Damast, Silber, erlesenes Kristall). Der Service, geleitet von charmanten Damen in Spitzenschürzchen, agiert sachkundig und trägt meist vorab als kleinen Appetizer die berühmten bretonischen Meeresschnecken (Bigorneaux) auf. Es folgen Kreationen, die in handwerklicher Perfektion, Präsentation und meisterhaftem Aroma keinerlei Wünsche offen lassen, z.B. ein köstlicher Salat von der Taube, ein exzellenter Wolfsbarsch mit Paprika oder eine tadellose Challans-Ente mit Rotweinsauce. Superbe Weinkarte mit besten französischen Kreszenzen.

Senne
Buschkampstraße 75
33659 Bielefeld
Tel. (05 21) 49 37 17
Geöffnet: 19-22 Uhr
Ruhetag: Sonn- und Feiertag/Montag
Menüs 110,– bis 160,– DM
Hauptgerichte 42,– bis 62,– DM

Historisches Gasthaus Buschkamp

Gleich neben seinem Gourmetrestaurant hat Ernst-Heiner Hüser mit dem »Buschkamp«, dessen Kerngebäude aus dem Jahr 1654 stammt, die deftigregionale Alternative etabliert. Es ist ebenfalls Bestandteil des sehenswerten Museumshofs Senne und bietet westfälische Küche in Reinkultur und bester Qualität. In von Steinfußboden, alten Balken oder Fachwerk geprägtem Rahmen munden trefflich Wurstebrei von Rind und Schwein oder die Gepökelten und kroß gebratenen Entenkeulen mit Rotkohl.

Senne
Buschkampstraße 75
33659 Bielefeld
Tel. (05 21) 49 28 00
Geöffnet: 12-14.30/
18-22.30 Uhr
Menü zu 58,– DM
Hauptgerichte 9,80 bis
33,50 DM

Klötzer's Kleines Restaurant

Die beiden Speiseräume, auf zwei Ebenen angelegt, gefallen mit einem eleganten, von Mahagoni geprägtem Ambiente sowie stilvoller Moderner Kunst als Wandschmuck. Wer sich hier an die fein eingedeckten Tische setzt, darf sich, betreut von einem aufmerksamen Service, freuen auf Maultaschen mit Schalotten und Wirsing oder zartes Rinderfilet an Rosmarinsauce.

Ritterstraße 33
33602 Bielefeld
Tel. (05 21) 6 89 54
Geöffnet: 12-23 Uhr;
Samstag bis 16 Uhr,
langer Samstag bis 18 Uhr
Ruhetag: Sonn- und
Feiertag/Montag
Hauptgerichte 22,50 bis
39,50 DM

■ Bochum

Alt Nürnberg

Nach behutsamer Restaurierung erstrahlt das vis-à-vis vom Bochumer Schauspielhaus gelegene Restaurant in noch feinerem, rustikal-nostalgischem Flair. Das helle Weiß des Rauhputzes harmoniert dabei prächtig mit dem Schwarz bzw. Schwarzbraun des Mobiliars und Fachwerks. Die Küche bei Jürgen Scheffran hält sich nun schon seit Jahren auf einem bemerkenswert

hohen kulinarischen Niveau, interessant beispielsweise die Offerten Warme Pilztorte mit Madeirasauce oder Marinierter Tafelspitz mit warmem Kartoffelsalat.

Königsallee 16
44789 Bochum
Tel. (02 34) 31 16 98
Geöffnet: 18-24 Uhr
Ruhetag: Montag
Menüs 64,– bis 78,– DM
Hauptgerichte 24,80 bis
38,– DM

Brinkhoff's Stammhaus

Schon das Äußere dieses Bochumer Traditionshauses gefällt mit einigen dekorativen Jugendstil-Accessoires. Und auch das Interieur weiß zu beeindrucken mit schönem Fischgrätparkett, Wandpaneelen, moderner halogener Lichtkultur sowie bequemen Korbsesseln an großzügig postierten Tischen. Die Küche, klassisch und bürgerlich ausgerichtet, zeichnet für Fasanenbrust im Speckmantel mit Wirsing oder Steinbutt in Rieslingsauce verantwortlich.

Harpen
Harpener Hellweg 157
44805 Bochum
Tel. (02 34) 23 35 49
Geöffnet: 18-23 Uhr
Ruhetag: Dienstag
Hauptgerichte 29,50 bis
45,– DM

Stammhaus Fiege

Es ist so etwas wie die Gute Stube der Stadt, das »Stammhaus Fiege«, das nun schon seit mehr als einem Vierteljahrhundert von Marianne und Josef Schwinning geführt wird. Der Gast hat die Wahl zwischen verschiedenen Räumlichkeiten, die allesamt mit alten Hölzern nostalgisch ausstaffiert sind, die Theke mit den schönen Kacheln oder die Hopfer-Gersten-Säule nicht zu vergessen. Die Küche grundsolide, fehlerfrei bei einer Kassler Rippe mit Bohnen und Mettwurst oder bei einer lecker-deftigen Ochsenschwanzsülze in Trapistenbiergelee.

Bongardstraße 23
44787 Bochum
Tel. (02 34) 1 26 43
Geöffnet: 11-14.30/17-22 Uhr
Ruhetag: Sonntagabend/
Donnerstag
Menüs 16,50 bis 78,– DM
Hauptgerichte 19,50 bis
26,50 DM

■ Brilon

Haus Waldsee

Seit vielen Jahren ist das in einem wunderschönen, idyllisch am Waldfreibad gelegenen Fachwerkhaus etablierte Restaurant eine der ersten kulinarischen Adressen des Sauerlandes. Da hat Patron Georg Groß vorbildliche Arbeit geleistet. Man sitzt überaus behaglich in den rustikal gehaltenen Stuben, wird von einem sachkundigen Service trefflich betreut und kann sich an einer Küche erfreuen, die neben Gerichten der Nouvelle Cuisine – wie Wildkaninchenkeule in Rübenkrautsauce – auch regionale Schmankerl offeriert, z.B. eine aromatische Kartoffelsuppe.

Gudenhagen
Am Freibad
59929 Brilon
Tel. (09 61) 33 18
Geöffnet: 12-14/18-22 Uhr
Ruhetag: Montag
Menüs 69,– bis 80,– DM
Hauptgerichte 17,– bis 42,– DM

Hotel zur Post – Postille

Früher galt das »Hotel zur Post« als erstes Haus am Platz. Dann wurde es lange Zeit ruhig um das bekannte Domizil. Doch dank der Geschwister Wiegelmann kann man hier nun wieder vortrefflich tafeln und logieren. Der Gourmet hat die Wahl zwischen der »Brasserie« mit Bistro-Gerichten sowie dem Feinschmeckerrestaurant »Postille«, die sich durch ein elegantes, von feinem Parkett und modernen Lampen geprägtes Ambiente auszeichnet. Man probiere z.B. den Gebratenen Bonito auf Bohnenkernen und Birnen oder die Jakobsmuscheln auf Risotto.

Königstraße 7
59929 Brilon
Tel. (0 29 61) 40 44
Geöffnet: 18-22 Uhr
Ruhetag: Sonntag
Menüs 65,– bis 85,– DM
Hauptgerichte 28,– bis 37,– DM

Jagdhaus Schellhorn

Von der Elbe ins Sauerland hat Ulrich Grampp seinen Wohnsitz verlegt und hier das bekannte »Jagdhaus Schellhorn« übernommen, in dem die Gäste in behaglich-rustikal eingerichteten Stuben an hübsch eingedeckten Tischen Platz nehmen können. Die Küche – klassisch und regional – ist ambitioniert und offeriert z.B. einen Gefüll-

ten Ochsenschwanz oder eine kroß gebratene Vierländer Ente.

Wald
In der Lüttmecke 10
59929 Brilon
Tel. (0 29 61) 33 34
Geöffnet: 12-14.30/18-23 Uhr
Ruhetag: Sonntagabend/
Montagmittag
Menüs 38,– bis 87,– DM
Hauptgerichte 26,– bis 34,– DM

■ Castrop-Rauxel

Haus Bladenhorst

Bernhard Stromberg hat das Zepter in diesem einstmaligen Klöckner-Casino wieder übernommen und die Räumlichkeiten aufwendig restauriert. Hier wird eine kräftig-aromatische Küche gepflegt, für die eine herzhafte Kartoffelsuppe oder eine in Kräutern gebratene Ochsenrippe stellvertretend genannt sein sollen.

Habinghorst
Wartburgstraße 5
44575 Castrop-Rauxel
Tel. (0 23 05) 7 79 91
Geöffnet: 12-14.30/
18-22.30 Uhr
Ruhetag: Samstagmittag/
Montagabend
Hauptgerichte 26,– bis 37,– DM

Haus Goldschmieding

Man würde es in dieser wenig ansehnlichen Industrie-Stadt wohl gar nicht vermuten, dieses ehemalige Wasserschlößchen, in dem die Familie Stromberg ein elegant-rustikales Restaurant eingerichtet hat. Am schönsten sitzt es sich direkt vor dem prächtigen Renaissancekamin, in dem winters stets ein leise knisterndes Feuerchen brennt. Romantik pur, und dazu eine erlesene Cuisine mit Speisen wie Consommé vom Tafelspitz oder zartes Rumpsteak mit Ochsenmark.

Castrop
Dortmunder Straße 49
44575 Castrop-Rauxel
Tel. (0 23 05) 3 29 31
Geöffnet: 12-14.30/
18.30-22.30 Uhr
Ruhetag: Samstagmittag/Montag
Menüs 49,– bis 132,– DM
Hauptgerichte 36,– bis 51,– DM

Coesfeld

Valkenhof

Beim »Valkenhof« handelt es sich um ein historisches Gebäude, das im Jahr 1595 erstmals urkundlich erwähnt wurde. Es wurde von einem überaus betuchten ortsansässigen Unternehmer mit großem finanziellen Aufwand und mit viel Liebe zum Detail in ein Kleinod deutscher Top-Gastronomie verwandelt. Das Restaurant, auf mehreren Ebenen angelegt, zeichnet sich durch eine gelungene Mischung von alter Bausubstanz und modernen Einrichtungselementen aus, der Blick fällt z.B. auf marmorierte Säulen, Wandbemalungen oder partiell freigelegtes Mauerwerk. Geleitet wird der »Valkenhof«, zu dem auch noch ein in einem modernen Glasanbau etabliertes Café sowie ein Bistro gehören, von Francois Szivos, der vielen Gourmets noch aus seiner Zeit in Münsters »Kleinem Restaurant im Oer'schen Hof« in bester Erinnerung sein dürfte. Er hat seinen langjährigen Küchenchef Pascal Levallois mit nach Coesfeld genommen, was für höchste Feinschmeckerfreuden gleichsam garantiert. Köstlich munden z.B. der Flußkrebskuchen mit Sauerkraut und Rotweinbirne in Wacholderbeerensauce oder das Gebackene Doradenfilet in Krustentierjus. Exzellent auch die Weinkarte mit erlesenen französischen Kreszenzen.

Mühlenstraße 25
48653 Coesfeld
Tel. (0 25 41) 8 77 34
Geöffnet: 12-14/18.30-22 Uhr
Ruhetag: Montag
Hauptgerichte 42,– bis 48,– DM

Datteln

Landhaus Jammertal Schnieders Gute Stube

Der ehemalige Heidehof birgt heute hinter seiner schmucken Fassade ein feines Landhotel sowie ein auf zwei Ebenen angelegtes Restaurant. Man sollte sich hier schon ein Zimmer reservieren, denn die ledergebundene Weinkarte listet mehr als 300 feinste Gewächse, die ideale Begleiter sind zu Matjes auf Apfel-Selleriesalat oder Entenbrust mit dünnen Apfelspalten.

Ahsen
Redder Straße 421
45711 Datteln
Tel. (0 23 63) 3 20 85

Geöffnet: 12-14/18-22 Uhr
Menüs 25,– bis 95,– DM
Hauptgerichte 28,– bis 42,– DM

Detmold

Detmolder Hof

Mitten im Trubel der hübschen Kleinstadt bildet der »Detmolder Hof« mit seinen romantischen Türmchen und Giebeln so etwas wie eine friedliche Oase. Der Speiseraum ist klassisch-elegant gehalten mit Kirschholzvertäfelung, einem blitzblanken Büffet oder alten Kupferstichen als Wandschmuck. Die Küche stets überzeugend bei Lachs und Zander in Gemüse-Vinaigrette oder zartem Poulardenbrüstchen.

Lange Straße 19
32756 Detmold
Tel. (0 52 31) 2 82 44
Geöffnet:12-14.15/18-22.15 Uhr
Menüs 30,– bis 90,– DM
Hauptgerichte 30,– bis 50,– DM

Hirschsprung – Waterkotte

Das Haus trägt seinen Namen nach einem Hirschen, der sich anno 1596 der Verfolgung durch die Ritter der Falkenburg durch einen mutigen Sprung in die Freiheit erwehrt haben soll. Fast selbstverständlich, daß auch heute noch Wildgerichte die Spezialitäten im gemütlichrustikal eingerichteten Restaurant darstellen, z.B. Wildschweingulasch mit Pilzallerlei.

Berlebeck
Paderborner Straße 212
32760 Detmold
Tel. (0 52 31) 49 11
Geöffnet: 12-14/18-22 Uhr
Menüs 30,– bis 98,– DM
Hauptgerichte 20,– bis 45,– DM

Lippischer Hof – Le Gourmet

Das einstige Kavaliershaus der lippischen Fürsten aus dem 18. Jahrhundert liegt am Rande der historischen Altstadt. Das Restaurant »Le Gourmet« elegant gehalten, der Service durch junge Damen tadellos, die Küche seit Jahren grundsolide und gut, lecker beispielsweise das Hummerschaumsüppchen mit Cognac oder die Tournedos mit Trüffeljus.

Willy-Brandt-Platz 1
32756 Detmold
Tel. (0 52 31) 3 10 41/42
Geöffnet: 12-14/18-23 Uhr
Ruhetag: Sonntag

Menüs 49,– bis 85,– DM
Hauptgerichte 20,– bis 45,– DM

Dorsten

Henschel

Ein Restaurant so recht zum Verlieben führt die Familie Henschel nun schon seit Jahren erfolgreich im Vorort Hervest. Nobel das leuchtende Weiß, Farbtupfer setzend die frühlingsbunten Sessel und Sitzbankbezüge, geschmackvoll der Bilder-Wandschmuck. Für die Küche zeichnen Leonore Henschel und Sohn Marco verantwortlich, sie bescheren Gaumenfreuden wie Warmgeräucherter Lachs mit Zitronen-Kapernsauce oder zarte Lende vom Weideochsen in der Kräuterkruste.

Hervest
Borkener Straße 47
46284 Dorsten
Tel. (0 23 62) 6 26 70
Geöffnet: 12-14/18.30-22 Uhr
Ruhetag: Samstagmittag
Menüs 52,– bis 148,– DM
Hauptgerichte 42,– bis 48,– DM

Dortmund

Alter Bahnhof

Es ist längst nicht mehr wegzudenken aus Dortmunds Top-Gastronomie, dieses von Karl Faller (Service) und Werner Gut (Küche) geführte Restaurant, dessen Ambiente durch warmes Holz, hübsch eingedeckte Tische und schöne Blumenarrangements gekennzeichnet ist. Wer hier zum Speisen einkehrt, darf sich z.B. freuen auf einen Fischtopf mit Süßwasserfischen und Gemüse.

Huckarde
Altfriedstraße 16
44369 Dortmund
Tel. (02 31) 39 19 30
Geöffnet: 12-14.30/
18-22.30 Uhr
Ruhetag: Samstag-/
Sonntagmittag/Montag
Menüs 48,– bis 114,– DM
Hauptgerichte 39,– bis 46,– DM

Da Raffaele

Obwohl das Haus ein ganzes Stück von der Dortmunder City entfernt steht, braucht sich Padrone Raffaele Micelli nun schon seit Jahren nicht mehr über Gästemangel zu beklagen. Ohne rechtzeitige Reservierung läuft hier gar nichts, denn die Tische in dem modern eingerichteten Ristorante sind sehr begehrt. Am besten verläßt man sich bei der Menüzusammenstellung auf die Tips des Hausherrn, der scheinbar allgegenwärtig ist, dabei immer schön smart und freundlich. Lecker munden hier stets das Filet vom Seewolf mit Blattspinat oder das zarte Rinderfilet à la »Raffaele«.

Wittbräucker Straße 789
44265 Dortmund
Tel. (02 31) 77 41 80
Geöffnet: 18-23 Uhr
Ruhetag: Dienstag
Hauptgerichte 36,– bis 42,– DM

Römischer Kaiser – Castellino

In diesem Traditionshaus wurde vor einigen Jahren ein Restaurant etabliert, das allein schon durch sein vornehmes Ambiente beeindruckt. Schwarz bzw. rotfarben lackiertes Holz, chice Theke, halogene Lichtkultur oder fein eingedeckte Tische sind dabei die wesentlichen Einrichtungsdetails. Die Küche ist mediterran inspiriert, arbeitet fehlerlos und offeriert solche Gaumenschmeichler wie Lauwarme Kalbskopfterrine mit Schalottenmarinade oder Gebratener Seeteufel auf Rote Bete.

Betenstraße
44137 Dortmund
Tel. (02 31) 54 32 01
Geöffnet: 11.30-14/18-22 Uhr
Ruhetag: Samstagmittag/
Sonntag
Menüs 59,– bis 93,– DM
Hauptgerichte 44,– bis 48,– DM

Spielbank Hohensyburg – La Table

Die postmodern-futuristisch gestylte, gleichsam in den Felsen gesprengte Dortmunder Spielbank lockt von jeher nicht nur Glücksritter an, sondern auch die Feinschmecker aus nah und fern, die sich im eleganten Restaurant »La Table« kulinarisch verwöhnen lassen möchten. Alles nur vom Feinsten, was nicht nur für das Ambiente gilt, sondern natürlich auch für den Service und die Küche. Toll beispielsweise der Loup de mer mit funf chinesischen Gewürzen gebraten oder die mild geräucherte Taubenbrust mit Blutwursttravioli in grüner Pfeffersauce. Exzellente Weinkarte.

Syburg
Hohensyburgstraße 200
44265 Dortmund
Tel. (02 31) 9 77 70 37
Geöffnet: 19-1 Uhr

Ruhetag: Montag/Feiertag
Menüs 98,– bis 118,– DM
Hauptgerichte 46,– bis 52,– DM

■ Gelsenkirchen

Hüller Mühle

Einstmals war das anno 1900 erbaute Haus als Wassermühle genutzt worden. Doch diese Funktion läßt sich heute noch nicht mal mehr erahnen. Vielmehr verbergen sich hinter einer schmuck restaurierten Fassade zwei komfortabel eingerichtete Speiseräumlichkeiten samt Tresen und einsehbarer Küche, aus der handwerklich solide gearbeitete Speisen wie Steckrübensuppe mit Gänsefleisch oder eine im Ganzen gebratene Dorade kommen.

Bolmke-Hüller
Hüller Mühle 111
45888 Gelsenkirchen
Tel. (02 09) 8 55 06
Geöffnet: 12-14/18-23 Uhr
Ruhetag: Samstagmittag/Sonntag
Hauptgerichte 24,50 bis 46,– DM

■ Geseke

Haus am Teich

Einst hatte Heinz Draudt die Gäste in seinem Paderborner »Bistro Le Mans« empfangen. Inzwischen ist er nach Geseke umgezogen und hat dort in einem leuchtend-weißen Hotelbau nahe der Stiftkirche ein elegant eingerichtetes Restaurant eröffnet. Letzteres, das man über einen gläsernen Treppenturm erreicht, entpuppt sich als großer Raum samt Tresen, moderner Lichtkultur und behaglichen Fensternischen. Die Küche gewohnt gut bei einem zarten Rumpsteak oder bei einer aromatischen Miesmuschelsuppe.

Am Teich 2
59590 Geseke
Geöffnet: 12-14/18-22 Uhr
Ruhetag: Samstagmittag/Montag
Menü zu 36,– DM
Hauptgerichte 16,50 bis 30,– DM

■ Gronau

Heidehof

Der reetgedeckte Landgasthof wurde (innen-) architektonisch durch einen modernen Wintergarten-Anbau noch erheblich aufgewertet. Man sitzt geradezu elegant, betreut von einem auf-merksamen Service und kann sich die von Theo Lammers trefflich zubereiteten Speisen wie Wachtelbrust in Balsamicosauce oder zartes Entrecôte mit Bratkartoffeln munden lassen.

Epe
Amtsvenn 1
48599 Gronau
Tel. (02 65) 13 30
Geöffnet: 12-14.30/18-22 Uhr
Ruhetag: Samstagmittag/Montag
Menü zu 88,50 DM
Hauptgerichte 12,50 bis 38,– DM

■ Gütersloh

Parkhotel

Das zentral, aber ruhig gelegene Haus samt gepflegtem Park auf der Rückseite mit altem Baumbestand macht schon von außen einen imposanten Eindruck. Es birgt ein elegant eingerichtetes Restaurant, großzügig geschnitten samt einer Kuppel aus Tiffanyglas sowie lindgrünen Textilien bzw. rötlichem Holz als Wandverkleidung. Die Küche ist vielseitig, lecker z.B. der Gefüllte Kaninchenrücken an Basilikumsauce oder die Stippmilchmousse mit Sauerkirschen.

Kirchstraße 27
33330 Gütersloh
Tel. (0 52 41) 87 70
Geöffnet: 12-14/18.30-22 Uhr
Menüs 46,– bis 124,– DM
Hauptgerichte 39,– bis 54,– DM

Stadt Gütersloh – Schiffchen

Ein veritables innenarchitektonisches Kleinod hält dieses im Herzen der Stadt gelegene Hotel mit dem Restaurant »Schiffchen« bereit. Die Assoziation Puppenstuben stellt sich sofort ein, nicht nur wegen der zahlreichen Puppen auf den Fensterbänken oder auf dem Kaminsims, sondern wegen des gesamten, originellen Rahmens, wobei Steinfußboden, Holzdielen oder eingezogene Zwischenfenster die wesentlichen Einrichtungsdetails sind. Die Küche stets überzeugend bei Steinbuttfilet in Koriandersauce oder Spanferkel mit Wirsinggemüse.

Köckerstraße 23
33330 Gütersloh
Tel. (0 52 41) 1 50 25
Geöffnet: 18-23 Uhr
Ruhetag: Sonntag
Menüs 45,– bis 98,– DM
Hauptgerichte 28,– bis 45,– DM

■ Hagen

Dahler Schweiz – Rossini

In dem Alt-Sauerländer Bruchsteinhaus hat ein Restaurant mit italienischer Küche Einzug gehalten. Das Ambiente elegant-rustikal gehalten mit hübscher Tischeindeckung. Der Service freundlich und aufmerksam, die Cucina empfehlenswert, man probiere die Gambas in Tomaten-Kräutersauce oder die zarte Entenbrust in Honig-Pfeffersauce.

Dahl
Am Hemker Bach 12
58091 Hagen
Tel. (0 23 37) 10 84
Geöffnet: 12-15/18-22.30 Uhr
Ruhetag: Donnerstag
Menü zu 69,– DM
Hauptgerichte 20,50 bis 37,– DM

■ Hamm

Wieland-Stuben

Hans-Jürgen Faßbender hat es prächtig verstanden, das kulinarische Level in seinem schmucken Haus über viele Jahre lang hoch zu halten. Kein Wunder, daß meist die Tische in dem elegant-nostalgisch eingerichteten Restaurant restlos ausgebucht sind. Man hat die Wahl zwischen drei schönen Stuben, die mit üppigem Blumenschmuck, stilvollen Wandbildern oder feinster Tafelkultur ausstaffiert sind. Bestens betreut vom Patron kann man sich hier entscheiden für eine Terrine von Zander und Lachs oder für zarte Putenmedaillons an Currysauce.

Wiescherhöfen
Wielandstraße 84
Tel. (0 23 81) 40 12 17
Geöffnet: 12-15/18-23 Uhr
Ruhetag: Samstagmittag
Menüs 70,– bis 85,– DM
Hauptgerichte 25,– bis 44,– DM

■ Harsewinkel

Poppenborg

»Poppenborg« – dieser Name steht nun schon seit Jahren für erstklassiges Speisen in Westfalen. Ziemlich ungewöhnlich für die Region das originelle Ambiente des Speiseraums, im eleganten Art Deco-Stil gehalten, wobei ein fächerschlagender Pfau (in Glas) sogleich die Blicke auf sich zieht. Erstklassig der Service durch Anne Poppenborg, kreativ die Küche ihres Mannes Heinz, der mit einem Cappuccino von Waldpilzen oder einem Zander in der Kräuterkruste aufwarten kann. Top-Weinkarte.

Brockhäger Straße 9
33428 Harsewinkel
Tel. (0 52 47) 22 41
Geöffnet: 12-13.45/18-21.45 Uhr
Ruhetag: Mittwoch
Menüs 54,– bis 124,– DM
Hauptgerichte 36,– bis 46,– DM

■ Hattingen

Landgasthof Huxel

Das bergische Schieferhaus birgt hinter seiner schmucken Fassade mehrere gastliche Räumlichkeiten, die mit allerlei nostalgischen bzw. antiken Accessoires ausgestattet sind – von kostbaren Uhren über alte Musik-Automaten bis hin zu einer Orgel. Die Küche von Werner Westphal kontinuierlich gut, z.B. bei einer Trilogie von Edelfischen in Rieslingsauce oder bei einer knusprig gebratenen Ente.

Niederelfringhausen
Felderbachstraße 9
45529 Hattingen
Tel. (0 20 52) 64 15
Geöffnet: 11.30-14/18-22 Uhr
Ruhetag: Montag/Dienstag
Menüs 65,– bis 110,– DM
Hauptgerichte 29,50 bis 48,– DM

■ Hemer

Haus Winterhof

Das ehemalige Hammerwerk aus dem Jahr 1842, in dem Friedrich Wilhelm Griese sein Restaurant eingerichtet hat, steht direkt an einem kleinen See. Das Interieur ist altdeutsch rustikal gestaltet, geprägt von massiver Eiche. Die hübsch eingedeckten Tische werden von modernen Spots in ein angenehmes Licht getaucht. Die Küche, international und bürgerlich ausgerichtet, offeriert Rote Bete-Suppe oder rosé gebratenen Lammrücken.

Stephanopel 30
58675 Hemer
Tel. (0 23 72) 89 81
Geöffnet: 11.30-14.30/18-21.30 Uhr
Ruhetag: Dienstag
Menüs 22,– bis 38,– DM
Hauptgerichte 20,– bis 38,– DM

■ Herford

Tönsings Kohlenkrug

Das L-förmig geschnittene Restaurant in dem direkt an der örtlichen Landstraße gelegenen »Kohlenkrug« erstrahlt in leuchtendem Weiß, wobei nur die hellbraune Theke einen farblichen Kontrast bildet. An den Wänden erzählen Bilder aus der lange vergangenen Kohlezeit. Der Service durch die Dame des Hauses, Regine Tönsing, stets tadellos, die Küche ihres Mannes Bernd weithin gerühmt. Toll z.B. die Variation von der Gänseleber oder der Pochierte Steinbutt.

Eickum
Diebrocker Straße 316
32051 Herford
Tel. (0 52 21) 3 28 36
Geöffnet: 12-14.30/18-22 Uhr
Ruhetag: Samstagmittag/
Dienstag
Menüs 68,– bis 120,– DM
Hauptgerichte 38,– bis 44,– DM

■ Herten

Schloß Westerholt

Das heutige »Schloß Westerholt« stammt aus dem 19. Jahrhundert und wurde jüngst seiner Bestimmung als Golfhotel und Restaurant übergeben. Das Restaurant gefällt mit einer lichten Eleganz samt Stuck, Lüster und feinster Tafelkultur. Den Aperitif kann der Gast in der mit edlen Hölzern ausstaffierten Bar einnehmen, um sich sodann von der Küche verwöhnen zu lassen mit Consommé vom Angusrind oder einem Viktoria-Zackenbarsch mit Karotten Koriander-Haube.

Westerholt
Schloßstraße 1
45701 Herten
Tel. (02 09) 96 19 70
Geöffnet: 12-14/
18.30-22.30 Uhr
Menüs 24,– bis 89,– DM
Hauptgerichte 28,– bis 46,– DM

■ Hilchenbach

Siebelnhof 1566 – Chesa

Patron Erich Steuber ist als Verfechter einer verfeinerten Regionalküche bekannt geworden. Klar, daß diese in seinem schmucken Landgasthof am Fuße des Rothaargebirges auch eine wesentliche Rolle spielt. Doch der Gast kann sich im Restaurant »Chesa« des alten Fachwerkhauses auch für ein Rehfilet mit Apfelstücken oder einen Rapunzelsalat mit gebratener Wachtel entscheiden.

Vormwald
Vormwalder Straße 54
57271 Hilchenbach
Tel. (0 27 33) 8 94 30
Geöffnet: 18-23 Uhr
Ruhetag: Samstagmittag
Menüs 79,– bis 145,– DM
Hauptgerichte 42,– bis 50,– DM

■ Hövelhof

Gasthof Brink

Hell und freundlich präsentiert sich das Restaurant in dem schönen Gasthof. Es dominiert die Farbe Weiß, Akzente setzen die bunt-floralen Sessel- bzw. Banksitzbezüge sowie die hübschen Blumenarrangements. Patron Hermann Brink kümmert sich vorbildlich um seine Gäste, während Ehefrau Irmgard und Sohn Florian am Herd für eine in Butter gebratene Seezunge oder eine zarte Gefüllte Bresse-Bluttaube verantwortlich zeichnen.

Allee 38
33161 Hövelhof
Tel. (0 52 57) 32 23
Geöffnet: 18-23 Uhr
Ruhetag: Montag
Menü zu 88,– DM
Hauptgerichte 25,– bis 48,– DM

■ Isselburg

Parkhotel Wasserburg Anholt – Schloß Restaurant

Sie wird sicher nicht ganz zu Unrecht als »Perle des Münsterlandes« bezeichnet, die historische Burganlage, deren ältester Bauteil, der sogenannte Dicke Turm, aus dem 12. Jahrhundert stammt. Das Restaurant ist nobel mit dunklem Mahagoni gestaltet und zeichnet sich zudem durch eine feine Tafelkultur aus. Die Küche verfolgt klassische Spuren, z.B. beim Meeresfrüchte-Teller mit Nudeln.

Anholt
Klever Straße 2
46419 Isselburg
Tel. (0 28 74) 45 90
Geöffnet: 12-14.30/
18.30-21.30 Uhr
Ruhetag: Montag
Menüs 80,– bis 130,– DM
Hauptgerichte 32,– bis 47,– DM

■ Ladbergen

Gasthaus zur Post

Beim »Gasthaus zur Post« handelt es sich um ein wunderschönes westfälisches Fachwerkhaus, das neben hübschen Zimmern auch zwei behaglichrustikal eingerichtete Speiseräume birgt. Toll der riesige Kamin, schön das dunkle Holz, die massiven Tische oder die imposante Theke. Wer hier reserviert, darf sich freuen auf Regionales wie einen Reibekuchen mit Kompott oder deftigen Grünkohl mit Kohlwurst und Kasseler.

Dorfstraße 11
49549 Ladbergen
Tel. (0 54 85) 93 93 93
Geöffnet: 12-14/18-22 Uhr
Ruhetag: Sonntag/Montag
Menüs von 30,– bis 70,– DM
Hauptgerichte von 18,– bis 43,– DM

Rolinck's Alte Mühle

Sie liegt ein Stückchen zurückversetzt von der örtlichen Hauptstraße, diese denkmalgeschützte Mühle mit ihrem bezaubernden Fachwerkgewand. Drinnen sorgen wuchtige Balken für gediegene Behaglichkeit, wobei die feine Tischeindeckung einige elegante Tupfer setzt. Patron Ernst-August Tüchter pflegt eine handwerklich solide Küche, die spielerisch zwischen nouvelle und internationel hin und her pendelt, z.B. beim Rumpsteak vom Angus-Rind mit feiner Gewürzbutter überbacken.

Mühlenstraße 17
49549 Ladbergen
Tel. (0 54 85) 14 84
Geöffnet: 18-22 Uhr
(Sonntag auch 12-14 Uhr)
Ruhetag: Dienstag
Menüs von 83,– bis 115,– DM
Hauptgerichte von 38,50 bis 53,– DM

■ Lüdenscheid

Petersilie

Ein Besuch in der »Petersilie«, diesem nostalgisch-eleganten Restaurant in einer klassizistischen, in strahlendes Weiß getauchten Villa, verspricht immer wieder wahre Gaumenfreuden. Denn Patron Manfred Salzmann kocht in den beiden Räumlichkeiten samt hohen Stuckdecken und geschmackvollen Kunstwerken als Wandschmuck nun schon seit Jahren auf kontinuierlich hohem Niveau.

Und seine Ehefrau Heidi wird jeden Gast mit ihrer perfekten Serviceleistung begeistern. Deliziös mögen hier z.B. ein Steinbeißerfilet mit Scampikruste auf dicken Bohnen und Graupen oder eine Essenz von Steinchampignons mit Gänseleber-Ravioli munden. Sehr gutes Weinsortiment.

Loher Straße 19
58511 Lüdenscheid
Tel. (0 23 51) 8 32 31
Geöffnet: 18-21.30 Uhr
Ruhetag: Sonntag/Montag
Menüs 82,– bis 148,– DM
Hauptgerichte 42,– bis 48,– DM

■ Lünen

Schwansbell

Wunderschön ist allein schon die Anfahrt durch den Schloßpark samt Teich und schnatternden Enten. Im Restaurant fällt sogleich die künstlerische Passion des Hausherrn ins Auge (Ölgemälde und zarte Aquarelle). Schlicht und dezent ist die Tischeindeckung, verschnörkelt die Speisenkarte, die eine weitere Liebhaberei von Patron Franz L. (Leonardo) Lauter offenbart, werden die verschiedenen Gerichte darauf doch oft in lyrischer Form präsentiert, z.B. ein Lammrücken »im wilden Thymian-Zauber«.

Beckinghausen
Schwansbeller Weg 32
44532 Lünen
Tel. (0 23 06) 20 68 10
Geöffnet: 12-15/18-23 Uhr
Ruhetag: Samstag-/
Sonntagmittag/Montag
Menüs 56,– bis 89,– DM
Hauptgerichte 35,– bis 42,– DM

■ Meschede

Hotel von Korff

Gleich gegenüber des örtlichen Bahnhofs steht diese prächtige Jugendstil-Villa, in der Hans-Georg von Korff nun schon seit Jahren eine gute Küche offeriert. Das Restaurant ist elegant eingerichtet mit feiner Tafelkultur, geschmackvollem Blumenschmuck und originellen Lampenlösungen. Sehr zu empfehlen sind hier z.B. das Zanderfilet im Strudelteig gebraten mit Petersilienkartoffeln oder eine Paella mit Hummer und Langusten. Für Weinfreunde hält der Patron neben besten deutschen Kreszenzen eine exzeptionelle Raritäten-Sammlung von alten (und dabei preisgünstigen) Gewächsen aus dem Bordelais bereit.

Le-Puy-Straße 19
59872 Meschede
Tel. (0291) 99140
Geöffnet: 11.30-14/18-22 Uhr
Hauptgerichte 25,–
bis 37,50 DM

■ Metelen

Pfefferkörnchen

Originell ist es schon, das abends wunderschön beleuchtete Äußere dieses schmucken Hauses, in dem auch das Interieur mit feiner Tafelkultur und dezenter Art Nouveau-Ornamentik zu überzeugen weiß. Die Küche, klassisch und international ausgerichtet, mag eine Rahmsuppe von Stielmus oder ein Lammrückenfilet in der Kräuterkruste offerieren.

Viehtor 2
48629 Metelen
Tel. (02556)1399
Geöffnet: 12-14/18-21.30 Uhr
Ruhetag: Samstagmittag/
Dienstag
Menüs 59,– bis 90,– DM
Hauptgerichte 32,– bis 44,– DM

■ Möhnesee

Haus Delecke

Das »Haus Delecke«, aufwendig restauriert, liegt umgeben von einem weitläufigen Park direkt am Möhnesee und diente im Mittelalter einem Adelsgeschlecht als vornehmes Domizil. Das Restaurant zeichnet sich durch großzügige Eleganz aus, besonders angenehm sitzt man zudem im kleinen Erkerzimmer. Nach zweierlei Brot und einem leckeren Amusebouche kann man sich hier à la carte entscheiden für eine Fenchelcremesuppe mit Lachsstreifen oder für eine Bressetaube auf jungen Erbsen.

Delecke
Linkstraße 10-14
59519 Möhnesee
Tel. (02924) 8090
Geöffnet: 12-14.30/18-22.30 Uhr
Menüs 49,– bis 98,– DM
Hauptgerichte 30,– bis 49,– DM

Torhaus Möhnesee

Ursprünglich wurde dieses reetgedeckte »Torhaus« mit seinem schmucken Fachwerk im Jahr 1910 als einziger Zugang in ein 9000 Morgen großes Waldgebiet erbaut. Heute ist es Teil einer ansehnlichen Hotelanlage

samt behaglich-rustikal eingerichtetem Restaurant, in dem der Gast z.B. eine Sülze von der Lachsforelle mit Kräuterschaum oder eine Sauerländer Beerengrütze ordern kann.

Arnsberger Straße 4
59519 Möhnesee
Tel. (02924) 681
Geöffnet: 12-14/18-22 Uhr
Ruhetag: Montag
(November bis März)
Hauptgerichte 21,– bis 38,– DM

■ Münster

Bakenhof

Einstmals war dieses Haus eine Zollstation mit dazugehöriger Schranke (»Bake«). Heute kann man sein Geld hier für erfreulichere Dinge ausgeben, denn die Küche in dem von Jürgen Twent geleiteten Landgasthof ist mehr als empfehlenswert. Man probiere beispielsweise die Edelfische in Champagnersauce oder die Entenbrust in der Sesamhülle an Dörrpflaumensauce.

Gievenbeck
Roxeler Straße 376
48161 Münster
Tel. (0251) 861506
Geöffnet: 12-14/18-22 Uhr
Ruhetag: Montag/Dienstag
Menüs 60,– bis 95,– DM
Hauptgerichte 21,– bis 40,– DM

Davert Jagdhaus

Im Schatten der örtlichen Kirche findet man dieses stattliche Haus, das von der Familie Hinterding zu einem beliebten Treff der Feinschmecker-Gemeinde gemacht wurde. Der Gast hat dabei die Wahl zwischen einer Vielzahl behaglich-rustikal eingerichteter Stuben, in denen schwere Eichenvitrinen oder ein Kacheltresen besondere innenarchitektonische Highlights darstellen. Die Küche des Patrons stets fehlerlos, lecker z.B. der Rouget Barbet auf Orangen oder das Cassoulet von Wachteln mit Morchelsauce.

Amelsbüren
Wiemannstraße 4
48163 Münster
Tel. (0251) 58058
Geöffnet: 12-14/18-22 Uhr
Ruhetag: Montag/Dienstag
Menüs 58,– bis 105,– DM
Hauptgerichte 39,– bis
49,50 DM

Kleines Restaurant im Oer'schen Hof

Das traditionsreiche Haus in Münsters Innenstadt wird nun von Anne Shook Bradford geleitet, die mit ihrem kulinarischen Konzept einer verfeinerten Klassischen Küche offenbar den Nerv des Publikums getroffen hat. Denn die drei unterschiedlich gestalteten Räumlichkeiten sind meist sehr gut besetzt. Man kann z.B. im Erdgeschoß mit seinem alten Sandsteinkamin und den schwarzweißen Bodenplatten Platz nehmen und sich vom guten Service eine Geschmorte Entenkeule oder ein zartes Entrecôte vom Angusrind auftragen lassen.

Königsstraße 42
48143 Münster
Tel. (0251) 42061
Geöffnet: 12-14/19-21.30 Uhr
Ruhetag: Sonntag/Montag
Menüs 28,– bis 48,– DM
Hauptgerichte 22,– bis 34,– DM

Krautkrämer

Im Verlauf von ca. 20 Jahren hat Hans-Joachim Krautkrämer dieses ruhig am Hiltruper See gelegene Haus zu einem imposanten Hotellerie-Anwesen ausgebaut. Das integrierte Restaurant wirkt mit seinem Ambiente klassisch-zeitlos, wobei geschickt rustikale und elegante Einrichtungselemente kombiniert wurden. Weinkenner sollten unbedingt ein Zimmer reservieren, um dem fulminanten, von Dirk Canova betreuten Getränkeangebot die gebührende Aufmerksamkeit schenken zu können. Die Küche kann man auf die Probe stellen bei einer Tafelspitzsülze auf Majorankartoffeln mit Kräutersalat oder bei einem Geschmorten Ochsenbäckchen in Rotwein mit Gemüse und Basilikumnocken.

Hiltrup
Hiltruper See 173
48165 Münster
Tel. (02501) 8050
Geöffnet: 12-14.30/18.30-22 Uhr
Menüs von 69,– bis 110,– DM
Hauptgerichte 36,– bis 48,– DM

Krautkrämer's Bistro

Als kulinarische Alternative hat Hans-Joachim Krautkrämer ein originell eingerichtetes Bistro etabliert, bei dem die gepflegte Bar-Atmosphäre, bestimmt durch die zentralen Bereiche Wein und Kunst, besonders beeindruckt. Die Küche rundum solide, lecker z.B. das Rinderrückensteak mit Pesto überbacken und Bohnen.

Hiltrup
Hiltruper See 173
48165 Münster
Tel. (02501) 8050
Geöffnet: 18.30-23.30 Uhr
Ruhetag: Sonntag/Montag
Menü zu 79,– DM
Hauptgerichte 26,– bis 38,– DM

Schloß Wilkinghege

Es macht schon einen hochherrschaftlichen Eindruck, das Ambiente des Restaurant im »Schloß Wilkinghege«. Die Wände sind mit ockergelber Tapete verkleidet, die Decke zieren barocke Stuckornamente, alte Bilder, prächtige Spiegel oder eine blitzende Glasvitrine ziehen die Blicke auf sich. Die Küche offeriert in diesem vornehmen Rahmen z.B. eine Terrine von Räucherfischen oder ein in Meeresalgen gedämpftes Filet vom Seeteufel.

Steinfurter Straße 374
48159 Münster
Tel. (0251) 213045
Geöffnet: 12-14/18-22 Uhr
Menüs 75,– bis 95,– DM
Hauptgerichte 34,– bis 44,– DM

Villa Medici

Wenn ein bekannter Star-Designer mit der Einrichtung eines Restaurants betraut wurde, kann man schon einiges erwarten. Und so ist es kein Wunder, daß die »Villa Medici« jeden Erstbesucher mit ihrem ungewöhnlichen Ambiente beeindrucken wird, wobei coole Eleganz dominiert, geprägt von moderner Kunst und entsprechendem Mobiliar, einer langen Theke sowie feinem Parkettboden. Carmelo Caputo heißt der Hausherr, der seinen Gästen einen in Olivenöl gebratenen Steinbutt auf Gemüsebett oder Trüffel-Tortellini mit Mascarponesauce empfehlen mag.

Ostmarkstraße 15
48145 Münster
Tel. (0251) 34218
Geöffnet: 18-22.30 Uhr
Ruhetag: Sonntag/Montag
Menü zu 78,50 DM
Hauptgerichte 38,– bis 40,– DM

■ Neuenkirchen

Kleines Restaurant Thies

Vor dem Haus plätschert ein schöner Brunnen, drinnen wartet ein behaglich eingerichteter Speiseraum mit warmem Holz, nostalgischen Lampen, dekorativ gerafften Vorhängen, hübsch gemusterten Sitzpolstern oder fein eingedeckten Tischen, auf die die Dame des Hauses ein Kerbelschaumsüppchen mit Lachsstreifen oder ein zartes Angus-Rumpsteak mit Kräuterbutter auftragen kann.

Sutrum-Harum 8
48485 Neuenkirchen
Tel. (0 59 73) 27 09
Geöffnet: 17.30-21.30 Uhr
Ruhetag: Montag/Dienstag
Menüs 55,– bis 80,– DM
Hauptgerichte 18,– bis 46,– DM

Wilminks Parkhotel – Eichenblatt

Die verschiedenen gastlichen Räumlichkeiten in diesem schmucken Hotel des Münsterlandes sind allesamt behaglich-rustikal eingerichtet, alles wirkt sauber und gepflegt. Der Service, von jungen Damen versehen, stets tadellos, die Küchenleistung lobenswert bei einer Gemüsecremesuppe mit Croûtons oder bei einem Kabeljaufilet an Senfsauce.

Wettringer Straße 46
48485 Neuenkirchen
Tel. (0 59 73) 8 58/59
Geöffnet: 11.30-14.30/18-22 Uhr
Menüs 27,– bis 80,– DM
Hauptgerichte 13,– bis 41,– DM

■ Nottuln

Niehoff's Hotel Steverburg

Es liegt am Südhang der Baumberge und erlaubt einen schönen Blick ins Stevertal, dieses von Wolfgang Niehoff geleitete Haus. Es birgt ein elegant eingerichtetes Restaurant, in dem eine ansprechende Internationale Küche – z.B. Pfeffersteak von der Rinderlende – geboten wird.

Baumberg 6
48301 Nottuln
Tel. (0 25 02) 94 30
Geöffnet: 11.30-14/
17.30-21.30 Uhr
Ruhetag: Donnerstag
Menüs 20,– bis 89,– DM
Hauptgerichte 20,– bis 45,– DM

Stevertal

Westfalen so recht zum Wohlfühlen, das bietet Dieter Elfers seinen Gästen in seinem schmucken Haus. Das Restaurant gefällt mit einem behaglich-rustikalen Interieur, wobei vor allem die alten Bauernschränke optische Highlights setzen. Die Küche ist vielseitig,

man probiere beispielsweise die Hirschmedaillons an Kirsch-Pfeffersauce oder das Wildschweinragout mit Apfelmus und Preiselbeeren.

Stevern
Stevern 36
48301 Nottuln
Tel. (0 25 02) 9 40 10
Geöffnet: 12-14.15/17-21 Uhr
Hauptgerichte 13,– bis 30,– DM

■ Oelde

Altes Gasthaus Kreft

Man findet dieses von Manuela und Burkhard Schürmann geführte Restaurant nahe des örtlichen Marktplatzes, in einem mehr als 200 Jahre alten Fachwerkhaus. Gepflegte Rustikalität bestimmt das Interieur, Holzbalken, Kachelfußboden, schöner Blumenschmuck und geschmackvolle Kunst an den Wänden. Wer hier einkehrt, darf sich freuen auf ein feines Münsterländer Töttchen mit Gurken und Rote Bete oder ein zartes Rinderrückensteak an Schalottensauce.

Eickhoff 25
59302 Oelde
Tel. (0 25 22) 44 22
Geöffnet: 12-14/18-22 Uhr
Ruhetag: Samstagmittag/
Sonntag
Menüs 68,– bis 78,– DM
Hauptgerichte 28,–
bis 40,50 DM

■ Olfen

Landhaus Füchtelner Mühle

Nach einer Sightseeingtour der Steverbrücke samt Stauwehr kann man seinen größeren der kleineren Hunger trefflich in diesem idyllischen Anwesen stillen, das über mehrere, ineinander übergehende gastliche Räumlichkeiten verfügt. Toll der offene Kamin im Entree aus den hell-gelben Baumberger Sandsteinen. Die Küche vielseitig, da dürfen natürlich auch westfälische Klassiker wie Knochenschinken mit Bauernbrot oder Pfannkuchen mit Mettwurstscheiben und Röstkartoffeln nicht fehlen.

Kökelsumer Straße 66
59399 Olfen
Tel. (0 25 95) 4 30
Geöffnet: 17.30-21.30 Uhr.
Samstag/Sonn- und Feiertag
auch 11.30-14 Uhr
Ruhetag: Montag/Dienstag
Hauptgerichte 22,– bis 42,– DM

Zum Steverstrand

Schon das Äußere dieses von Heinrich Dördelmann geführten Hauses macht mit seiner roten Klinkersteinfassade einen einladenden Eindruck. Das Restaurant ist elegant gehalten, wobei schönes Holz und nostalgische Lampen hervorstechen. Die Küche bietet Feines wie Medaillons vom Schwein mit Pfifferlingen oder eine Pilzrahmsuppe.

Lüdinghauser Straße 31
59399 Olfen
Tel. (0 25 95) 30 77/79
Geöffnet: 11.30-14/18-22 Uhr
Ruhetag: Montag
Menüs 24,– bis 66,50 DM
Hauptgerichte 14,– bis 39,– DM

■ Petershagen

Schloß Petershagen – Orangerie

Sie liegt idyllisch am Weserufer, diese einstmalige bischöfliche Residenz aus dem Jahr 1306, die von Rosemarie Hestermann in ein hochherrschaftliches Hotelanwesen verwandelt wurde. Nach dem Erklimmen einer schönen Wendeltreppe gelangt man in das elegante Restaurant, in dem man sich für einen Lammrücken im Strudelblatt entscheiden kann.

Schloßstraße 5
32469 Petershagen
Tel. (0 57 07) 3 46
Geöffnet: 12-14/18-22 Uhr
Menüs 58,– bis 115,– DM
Hauptgerichte 24,– bis 45,– DM

■ Raesfeld

Landhaus Krebber

Gleich neben dem Wasserschloß hat die Familie Krebber ihr ansehnliches, mit rotem Klinker verkleidetes Hotelanwesen zu einem beliebten Feinschmecker-Treff ausgebaut. Im Restaurant gefällt vor allem die feine Tafelkultur sowie die moderne Illuminierung. Man probiere die Rinderbrühe mit Markklößchen oder die Poulardenbrust in Apfel-Currysauce.

Weseler Straße 71
46348 Raesfeld
Tel. (0 28 85) 6 00 00
Geöffnet: 12-15/18-22 Uhr
Menüs 50,– bis 80,– DM
Hauptgerichte 21,50 bis 38,– DM

■ Recklinghausen

Landhaus Scherrer

Ursula und Ernst Scherrer bieten in dem imposanten Backsteinhaus, das einstmals die Dorfschule beherbergte, nun schon seit Jahren die mit Abstand beste Küche der Stadt. In einem nostalgisch-elegant gestalteten Rahmen samt edler Tischeindeckung und stilvollem Bilderschmuck an den Wänden kann man sich hier z.B. ein Stubenküken mit Rosenkohlpüree oder einen Gedünsteten Kabeljau auf Rote Bete-Salat munden lassen.

Bockholt
Bockholter Straße 385
45659 Recklinghausen
Tel. (0 23 61) 2 27 20
Geöffnet: 12-14/18-22 Uhr
Ruhetag: Samstagmittag/
Sonntagabend/Montag
Menüs 48,– bis 75,– DM
Hauptgerichte 24,– bis 36,– DM

■ Rheda-Wiedenbrück

Ratskeller Wiedenbrück

Das schmucke Fachwerkhaus mit seinem imposanten Giebel stammt aus dem Jahr 1560. Die Familie Surmann hat hier am Marktplatz nicht nur ein Domizil für Erholungsuchende mit komfortablen Zimmern etabliert, sondern legt in ihrem nostalgisch-rustikal eingerichteten Restaurant auch großen Wert auf eine gute Küche mit Offerten wie einem Rapunzel-Salat mit Rauchforellen-Mousse oder Pfannen-Pickert mit Schinken und Rübenkrautsauce.

Wiedenbrück
Lange Straße/Marktplatz
33378 Rheda-Wiedenbrück
Tel. (0 52 42) 70 51
Geöffnet: 12-14/18-22 Uhr
Menüs 58,– bis 95,– DM
Hauptgerichte 30,– bis 45,– DM

Reuter

Dieter Bettinger hat jüngst die ohnehin schon mehr als eleganten Speiseräumlichkeiten in seinem renommierten Haus weiter verfeinert. Da macht die Einkehr noch mehr Spaß, zumal das kulinarische Niveau schon seit Jahren auf erfreulich hohem Level angesiedelt ist. Toll z.B. das Fenchelschaumsüppchen mit Lachsstreifen oder das Geschnetzelte von Kalbfleisch und Nieren in Rahmsauce.

Rheda
Bleichstraße 3
33378 Rheda-Wiedenbrück
Tel. (0 52 42) 4 20 51
Geöffnet: 12-14/18-22 Uhr
Ruhetag: Freitagabend/Samstag
Menüs 28,– bis 85,– DM
Hauptgerichte 29,50
bis 40,– DM

Rheine

Petito's Bistro

Erstbesucher orientieren sich am besten an den Hinweisschildern Gewerbegebiet Rheine-Nord, um dieses chice Bistro schnellstmöglich zu finden. Es wurde im Erdgeschoß eines mehrstöckigen Verwaltungsgebäudes eines florierenden Unternehmens der Lebensmittelbranche eingerichtet. Das Ambiente wirkt postmodern, wobei Lila die dominierende Farbe darstellt. Extravagant die Theke mit viel Chrom und Granit, bequem die Designersessel an fein eingedeckten Tischen. Die Küche sehr gut mit Offerten wie Milchzicklein mit Frühlingszwiebeln.

Gewerbegebiet Rheine-Nord
Bonifatiusstraße 305
48432 Rheine
Tel. (0 59 71) 6 52 34
Geöffnet: 11.30-17 Uhr
Ruhetag: Samstag/
Sonn- und Feiertag
Menü zu 51,– DM
Hauptgerichte 20,– bis 38,– DM

Rietberg

Domschenke

Mit dem modernen Glasvorbau macht dieses langgestreckte Haus im Schatten der Dorfkirche inzwischen einen noch einladenderen Eindruck. Gelungen auch das Interieur mit Terracottaboden, Kachelofen oder Delfter Kacheln, die einen nostalgischen Kontrapunkt setzen zu Spiegeln und in Weiß erstrahlenden Wänden. Elisabeth und Karl-Heinz Sittinger bieten in diesem feinen Rahmen seit Jahren wahre Gaumenfreuden, für die Krapfen von Langostinen an Beurre blanc oder Rinderfilet mit Morcheln und Spitzkohl stellvertretend genannt sein sollen.

Mastholte
Lippstädter Straße 1
33397 Rietberg
Tel. (0 29 44) 3 18
Geöffnet: 12-13.30/18.30-22 Uhr
Ruhetag: Samstagmittag/

Dienstag
Menüs 72,– bis 125,– DM
Hauptgerichte 40,– bis 48,– DM

Rüthen

Knippschild

Der Hotel-Gasthof »Knippschild« präsentiert sich als schmuckes Fachwerkhaus. Das integrierte Restaurant ist rustikal gehalten mit viel Holz, Schmiedeeisernem und mächtigem Tresen. Das Speisenangebot ist vielfältig, für jeden Geschmack etwas, z.B. Zanderfilet Finkenwerder Art oder Blattsalate mit Riesengarnelen.

Kallenhardt
Theodor-Ernst-Straße 1
59602 Rüthen
Tel. (0 29 02) 24 77
Geöffnet: 11.30-13.30/
18-21.45 Uhr
Ruhetag: Donnerstag
Hauptgerichte 15,– bis 35,– DM

Schermbeck

Landhaus Spickermann

Im vorderen Bereich seines »Landhauses« hat Peter Nikolay einen behaglich-rustikalen Schankraum etabliert, der sich weit öffnet zum dahinter liegenden Gourmetrestaurant, dessen Wände mit farbenfreudigen kulinarischen Motiven geschmückt sind. Das Ambiente wirkt licht und hell. Es macht großen Spaß, hier zu tafeln, zumal auch die Küche stets überzeugt bei einem am Stück gebratenen Seewolf oder bei einem Orangensoufflé mit Zwergorangenkompott. Gute Weinkarte mit französischen Spitzen.

Besten-Gahlen
Kirchhellener Straße 1
46514 Schermbeck
Tel. (0 23 62) 4 11 32
Geöffnet: 18-23 Uhr.
Sonn- und Feiertag 12-23 Uhr
Ruhetag: Montag
Menü zu 74,– DM
Hauptgerichte 24,50 bis
39,– DM

Schmallenberg

Gnacke – Kutscherstuben

Es ist eines der schönsten Kur- und Sporthotels der Region, das mit seiner Fachwerkfassade und dem bergischen Schiefer-

dach schon von außen einen imposanten Eindruck macht. Und auch der Küche räumt Patron Rolf Gnacke einen hohen Stellenwert ein, man probiere in den komfortabel eingerichteten »Kutscherstuben« beispielsweise die Variation von Kalbslendchen auf Spargel-Bries-Ragout.

Nordenau
Astenstraße 6
57392 Schmallenberg
Tel. (0 29 75) 8 30
Geöffnet: 12-14/18-21 Uhr
Menüs 22,– bis 52,– DM
Hauptgerichte 24,– bis 58,– DM

Landhotel Gasthof Schütte

Ein Gasthof, wie er im Bilderbuch steht, das ist dieses Fachwerkhaus mit seiner alten Fassade, in dessen Restaurant Karl Anton Schütte kulinarisch zweigleisig fahren läßt. Regionales wie Westfälische Erbsensuppe mit geräucherter Mettwurst mundet hier ebenso lecker wie Gerichte der Nouvelle Cuisine, z.B. Loup de mer an Pernodsauce.

Oberkirchen
Eggeweg 2
57392 Schmallenberg
Tel. (0 29 75) 8 20
Geöffnet: 12-14/19-22 Uhr
Menüs 40,– bis 85,– DM
Hauptgerichte 22,– bis 50,– DM

Störmann – Alte Posthalterei

Es steht gegenüber der mächtigen Stadtkirche, dieses im typischen Sauerländischen Stil mit Schieferverkleidung und Fachwerk errichtete Haus. Der Restaurantname erinnert noch an vergangene Zeiten, als hier eine Posthalterei und Manufakturenhandlung florierte. Wer heute hier einkehrt, darf sich in behaglich-rustikalen Räumlichkeiten freuen auf Steinbeißerfilet in Kräutersahne oder Seeteufel-Medaillons an Pommery-Senfsauce.

Weststraße 58
57392 Schmallenberg
Geöffnet: 12-14/18-21.30 Uhr
Ruhetag: Sonntagabend
Menüs 25,– bis 98,– DM
Hauptgerichte 18,50 bis
48,– DM

Waldhaus – Schneider Stube

Das »Waldhaus« liegt wunderschön inmitten einer hügeligen Landschaft. Hat man die Pforte

geöffnet, kann man vom Foyer aus schon in das kleine Gourmet-Restaurant namens »Schneider Stube« blicken. Das Ambiente gefällt mit weiß geputzten Wänden, Holzbalken, Marmorfußboden und fein eingedeckten Tischen. Die Küche von Christa Schneider und Jochen Lülf zählt nun schon seit Jahren zum Besten, was die Region zu bieten hat, lecker beispielsweise die Soufflierte Taubenbrust auf Trüffelsauce oder der Petersfisch unter der Kräuterkruste. Top-Weine.

Ohlenbach
Ohlenbach 10
57392 Schmallenberg
Tel. (0 29 75) 8 40
Geöffnet: 12-14/18-21 Uhr
Menüs 50,– bis 110,– DM
Hauptgerichte 35,– bis 50,– DM

Schwerte

Gutshotel Wellenbad

Einstmals konnte man hier für eine gepflegte Vesper-Mahlzeit einkehren und sich an feinen Schinken- und Leberwurstschnitten laben. Heute ist das kulinarische Niveau in den nostalgisch-rustikal gehaltenen Räumlichkeiten auf einem wesentlich höheren Level angelangt. Selbst gelernte Feinschmecker kommen bei Gebratener Blutwurst auf Apfel-Meerrettichgemüse oder Mariniertem Tafelspitz auf Rahmwirsing voll auf ihre Kosten.

Geisecke
Zum Wellenbad 7
58239 Schwerte
Tel. (0 23 04) 48 79
Geöffnet: 12-14.30/18-21.30 Uhr
Ruhetag: Montag
Menüs 58,50 bis 68,50 DM
Hauptgerichte 27,–
bis 49,50 DM

Senden

Averbeck's Restaurant Giebelhof

Der »Giebelhof« ist fraglos das eleganteste Restaurant Westfalens. Alles vom Feinsten, da hat Clemens Averbeck wahrlich an nichts gespart, toll die edle Wandvertäfelung, die erlesene Tafelkultur oder die stilvollen Bilder. Superb auch die voluminöse Weinkarte mit dem Besten, was Europas Winzer zu bieten haben. Und last but not least eine Küche, die keine Konkurrenten der Region zu fürchten hat. Köstlich beispielsweise das Steinbuttfilet auf einem Spinatbett in Hummersaft mit Kartoffelstroh, perfekt die mit Ochsenschwanz-Ragout überkrustete Ochsenlende an Rotweinjus. Bestes Brot, ein raffiniertes Amuse-bouche oder deliziöse, hausgemachte Petits fours verstehen sich hier fast von selbst.

Ottmarsbocholt
Kirchstraße 12
48308 Senden
Tel. (0 25 98) 3 93
Geöffnet: 18-22 Uhr/Sonn- und Feiertag auch 12-14 Uhr
Menüs 125,– bis 185,– DM
Hauptgerichte 56,– bis 62,– DM

Grüner Zeisig

Die kulinarische Alternative im »Giebelhof« stellt dieses chice Bistro samt geschmackvollem Bilderschmuck, modernen Lampen oder hübsch eingedeckten Tischen dar, in dem Clemens Averbeck regionale und bürgerliche Spezialitäten kredenzen läßt. Wobei vor allem die Entengerichte sehr zu empfehlen sind, z.B. eine wunderbar kroß gebratene Bauernente oder eine Entensülze mit Bratkartoffeln. Toller Biergarten mit deftigen Schmankerln.

Ottmarsbocholt
Kirchstraße 14
48308 Senden
Tel. (0 25 98) 8 98
Geöffnet: 18-22 Uhr/Sonn- und Feiertag auch 12-14 Uhr
Hauptgerichte 19,– bis
34,50 DM

■ Siegen

Efeu

Licht und beschwingt wirkt das Ambiente dieses hübschen Bistro-Restaurants. Im Sommer kann der Gast zudem im mediterran angehauchten Garten zum Speisen Platz nehmen und sich klassische italienische Spezialitäten wie Tagliatelle mit Champignons in Sahnesauce oder überbackene Auberginen in Tomatensauce mit Parmesan munden lassen.

Marienborner Straße 7
57074 Siegen
Tel. (02 71) 5 64 33
Geöffnet: 18-1 Uhr
Ruhetag: Montag
Hauptgerichte 13,–
bis 35,50 DM

■ Soest

Biermann's Restaurant

Das Äußere läßt kaum ein solch chices Interieur erwarten, wie es Wilhelm Biermann in seinem Elternhaus geschaffen hat. Allein die roten Neon-Schriftzüge an der Fassade geben einen ersten Hinweis auf modernes Design. Das in rosa getauchte Restaurant erinnert etwas an ein Spiegelkabinett, Sessel aus Chrom und Leder, coole Jalousien vor den Fenstern mir Raffrollos, Schusterlampen aus edlen Glaskugeln setzen dabei die innenarchitektonischen Akzente. Die Küche des Patrons auf Nouvelle Cuisine ausgerichtet mit Köstlichkeiten wie Gegrillten Scampi mit Knoblauch auf Gemüsenudeln oder Sashimi vom Bonito à la chinoise. Angeschlossen ist zudem ein nostalgisches Bistro.

Thomästraße 47
59494 Soest
Tel. (0 29 21) 1 33 10
Geöffnet: 12-14.30/18-22.30 Uhr
Ruhetag: Montag
Menüs 55,– bis 115,– DM

Pilgrim-Haus

Westfalens ältestes Gasthaus aus dem Jahr 1304 hat bis heute seinen Charme bewahrt. Der Gast hat die Wahl zwischen mehreren Stuben, die allesamt behaglich-rustikal mit dunklem Holz, hübschen Bildern, antikem Mobiliar oder gepflegt eingedeckten Tischen eingerichtet sind. Unbedingt zu empfehlen sind hier die Westfälische Kartoffelsuppe oder das Soester Möppkenbrot. Hauseigene Schnäpse.

Jakobistraße 75
59494 Soest
Tel. (0 29 21) 18 28
Geöffnet: 17.30-24 Uhr/ Samstag, Sonn- und Feiertag auch 12-14 Uhr
Ruhetag: Dienstag
Hauptgerichte 21,– bis 33,– DM

■ Sprockhövel

Landhaus Leick

Um Einlaß in diese von einem herrlichen Park umgebene Villa zu erhalten, gilt es, an der Pforte zu schellen. Schon wird der Gast vom perfekten Servicepersonal hereingebeten und zum Aperitif in einen kleinen Salon geleitet, wo er in aller Ruhe die interessante Speisenkarte – mit Offerten wie Con-sommé vom Lamm mit Spinatpalatschinken oder Heilbutt im Kartoffelkleid – studieren kann.

Niedersprockhövel
Bochumer Straße 67
45549 Sprockhövel
Tel. (0 23 24) 76 15
Geöffnet: 18-23 Uhr/Sonn- und Feiertag auch 12-14 Uhr
Ruhetag: Montag
Menüs 55,– bis 135,– DM
Hauptgerichte 38,– bis 55,– DM

■ Steinhagen

Alte Schmiede

Sie steht mitten im Ortszentrum im Schatten der Kirche, die »Alte Schmiede«, ein schmuckes Fachwerkhaus aus dem Jahr 1834, vor dem an Sommertagen auch einige Tische zum Tafeln im Freien aufgestellt werden. Tritt man ein, so steht man in behaglich-rustikal eingerichteten Räumlichkeiten mit massiven Eichentischen, auf die der aufmerksame Service ein gebratenes Filet von der Dorade an Pastissauce oder einen zarten Lammrücken mit Ratatouille auftragen kann. Erstklassiges Getränkesortiment, da ein florierender Weinhandel angeschlossen ist.

Kirchplatz 22
33803 Steinhagen
Tel. (0 52 04) 70 01
Geöffnet: 18-23 Uhr
Menüs 68,– bis 85,– DM
Hauptgerichte 32,– bis 44,– DM

■ Tecklenburg

Altes Backhaus

Im dem einstigen Backhaus haben die Eheleute Reif ein behaglich-rustikal eingerichtetes Restaurant etabliert, dessen Räumlichkeiten mit schmuckem Fachwerk und schweren Eichenbalken gefallen. Die Küche jongliert spielerisch zwischen international und nouvelle, wobei die Damen und Herren in Weiß offenbar alle kulinarischen Partituren trefflich beherrschen. Sehr gut z.B. Petersilienwurzelcreme mit Gemüsestreifen oder Trilogie von Lachs, Scampi und Jakobsmuscheln.

Leeden
Am Ritterkamp 27
49545 Tecklenburg
Tel. (0 54 81) 65 33
Geöffnet: 11.30-14.30/ 18-22.30 Uhr
Ruhetag: Dienstag
Hauptgerichte 26,– bis 40,– DM

Parkhotel Burggraf

Beim »Parkhotel Burggraf« handelt es sich um ein modernes Anwesen, das ein elegant eingerichtetes Restaurant birgt mit breiter Fensterfront und prächtig eingedeckten Tischen. Der Service tadellos, die Weinkarte sensationell, die Küche seit Jahren auf bemerkenswertem kulinarischen Niveau. Man probiere z.B. Ochsenschwanzgelee mit Entenstopfleber und Salat oder den zarten Lammrücken mit Rosenkohlstrudel.

Meesenhof 5-7
49545 Tecklenburg
Tel. (0 54 82) 4 25
Geöffnet: 12-14.30/18-21.30 Uhr
Menüs 73,– bis 120,– DM
Hauptgerichte 29,– bis 45,– DM

■ Telgte

De Pottkieker

Das schöne Häuschen birgt nicht nur ein Delikatessengeschäft, sondern auch ein Restaurant, dessen auf verschiedenen Ebenen angelegte Stuben ein nostalgisches Flair ausstrahlen. Im Sommer kann Patron Klaus Poggenpohl die Gäste zudem in einen lauschigen Innenhof bitten und ihnen dort z.B. einen zarten Lammsattel in der Rosmarinkruste kredenzen.

Emsstraße 2
48291 Telgte
Tel. (0 25 04) 20 31
Geöffnet: 12-14/18-22 Uhr
Ruhetag: Sonntagabend/Montag
Menüs 37,– bis 73,– DM
Hauptgerichte 29,50 bis 40,– DM

■ Unna

Le Gourmet

Hans-Jürgen Bretschneider und Hans-Werner Hornig haben es über die Jahre erfolgreich verstanden, ihr im einstigen Königsborner Bahnhof etabliertes Restaurant sicher durch alle Rezessionsfährnisse zu lenken. Allein schon das originelle Ambiente mit einer Mischung von modernen und nostalgischeleganten (Jugendstil) Einrichtungselementen lohnt einen Besuch. Und auch die Küche weiß stets zu überzeugen, z.B. beim Muschelrahmsüppchen mit Kräutersahne oder beim zarten Kalbsfilet auf Trauben-Cassissauce.

Königsborn
Hubert-Biernat-Straße 2
59425 Unna

Tel. (0 23 03) 6 96 66 + 6 31 11
Geöffnet: 18-23 Uhr
Ruhetag: Montag
Hauptgerichte 31,– bis 41,– DM

■ Verl

Büdel's Restaurant – Bürmann's Hof

Er zählt fraglos zu den schönsten Fachwerkhäusern Westfalens, der »Bürmann's Hof« aus dem Jahr 1698, in dem Bernhard Büdel sein prächtiges Restaurant etabliert hat. Das riesige Tor, das die schmucke Fassade durchbricht, ist übrigens nicht mehr der Eingang, sondern der befindet sich seitlich vom Haus. Tritt man ein, so kann man zunächst die schöne Theke bestaunen und dann einen Blick über die vier Ebenen des Restaurants werfen. Überall edel eingedeckte Tische, auf die der perfekte Service z.B. ein Paprikasüppchen mit Garnelen oder einen zarten Lammrücken mit Ragout von Kartoffeln und Böhnchen auftragen kann.

Kirchplatz 5
33415 Verl
Tel. (0 52 46) 79 70
Geöffnet: 12-14/18.30-23 Uhr
Ruhetag: Sonntag/Montag
Menüs 40,– bis 115,– DM
Hauptgerichte 30,– bis 45,– DM

■ Versmold

Alte Schenke

Das idyllische Fachwerkhaus steht im Schatten der Dorfkirche. Die gastlichen Räumlichkeiten sind behaglich-rustikal gehalten mit dunklem Holz, Kacheln, Schmiedeeisernem und hübsch eingedeckten Tischen. Bei der Speisenauswahl läßt man sich am besten von Patron Emil Sickendiek beraten und wird sich laben können an Streifen vom Knochenschinken und Bauernschmant auf einem Reibekuchen oder an einer rosa gebratenen Rinderlende mit Rotweinschalottensauce. Gute Weinkarte mit deutschen Spitzengewächsen.

Bockhorst
Bockhorst 3
33775 Versmold
Tel. (0 54 23) 85 97
Geöffnet: 17.30-22 Uhr/Sonn- und Feiertag auch 12-14 Uhr
Ruhetag: Montag/Dienstag
Menüs 60,– bis 80,– DM
Hauptgerichte 17,50 bis 30,– DM

■ Wadersloh

Bomke

Von außen wirkt das Haus, das mit der Kirche mitten im Dorf blieb, etwas unscheinbar. Im Eingangsbereich beeindruckt die imposante Theke mit ihren blau-weißen Fliesen. Nun hat der Gast die Wahl, ob er sich in der Bierstube, im eleganten Speiseraum oder im nicht minder vornehmen Kaminzimmer niederlassen möchte, das einen riesigen Spiegel, eine prächtige Stuckdecke und schwarz-weiße Bodenfliesen als wichtige Einrichtungsdetails vorweisen kann. Hier wie dort wird von Jens Bomke eine sehr gute Küche geboten, für die ein Saiblingfilet in Estragonsauce oder eine Gepökelte Ochsenzunge an Rotwein-Schalottensauce stellvertretend genannt sein sollen. Superbe Weinkarte.

Kirchplatz 7
59329 Wadersloh
Tel. (0 25 23) 13 01
Geöffnet: 12-14/18.30-22 Uhr
Ruhetag: Samstagmittag/Donnerstag
Menüs 28,50 bis 96,– DM
Hauptgerichte 14,50 bis 52,– DM

■ Warendorf

Im Engel

Seit mehr als 300 Jahren befindet sich das Hotel-Restaurant »Im Engel« nun schon im Besitz der Familie Leve. Und die Tradition des Hauses reicht noch viel weiter zurück, denn bereits 1545 wurde es urkundlich als Herberge und Gasthof erwähnt. Dunkles Holz, brauner Stein und edle Fliesen bestimmen das Ambiente des Restaurants, das über einen mit ca. 800 Kreszenzen prall gefüllten Weinkeller verfügt. Auch die Küche weiß zu gefallen bei einem Westfälischen Rindfleisch mit Zwiebelsauce oder bei einer Herrencreme mit Früchten.

Brünebrede 37
48231 Warendorf
Tel. (0 25 81) 9 30 20
Geöffnet: 18-21.30 Uhr
Ruhetag: Donnerstag
Menüs 38,– bis 98,50 DM
Hauptgerichte 14,– bis 39,50 DM

■ Wilnsdorf

Haus Rödgen

Ausgerechnet im Siegener Vorort Rödgen hat einer der interessantesten Newcomer Westfalens sein Domizil eröffnet. Alexander Bulla wählte sich für sein ehrgeiziges Unterfangen das traditionsreiche »Haus Rödgen« und richtete hier nach umfangreichen Umbaumaßnahmen ein exquisites Restaurant für Feinschmecker ein. Das Ambiente elegant gestaltet mit Kirschbaumholz, Facettenspiegeln, Muranolüstern, bequemen Sesseln und Bänken sowie großen Panoramafenstern, die einen schönen Blick auf die weiten Siegerländer Berge erlauben. Top die Weinkarte, sehr gut der Service, bei dem man z.B. einen kroß gebratenen Zander mit Kapern-Artischokkensauce oder eine Dickmilchsuppe mit Beerenfrüchten und Topfeneis in Auftrag geben kann.

Rödgen
Rödgener Straße 100
57234 Wilnsdorf
Tel. (02 71) 39 33 10
Geöffnet: 11.30-14/19-22 Uhr
Ruhetag: Montag/Dienstag
Menüs 39,– bis 136,– DM
Hauptgerichte 35,– bis 45,– DM

■ Winterberg

Berghotel Astenkrone

Das schmucke »Berghotel« findet man vier Kilometer von Winterberg entfernt am Ortseingang von Altastenberg. Es kann auf eine reiche Tradition zurückblicken, denn bereits seit den ersten Jahrzehnten des vorigen Jahrhunderts wird hier Sauerländer Gastlichkeit großgeschrieben. Das Restaurant ist geschmackvoll eingerichtet mit Holzverkleidung, nostalgischen Lampen und fein eingedeckten Tischen, auf die Speisen wie Gegrillte Riesengarnelen mit Rahmkohlrabi oder Tournedos vom Rind mit Schalotten-Rotweinjus aufgetragen werden können.

Altastenberg
Astenstraße 24
59955 Winterberg
Tel. (0 29 81) 80 90
Geöffnet: 12-14/18-22 Uhr
Menüs 46,– bis 89,– DM
Hauptgerichte 29,– bis 44,– DM

■ Witten

Gasthaus Bormann

Es ist schon eine rechte Augenweide, dieses am Gederbach stehende Fachwerkhaus, in dem Günter Mekking seit Jahren erfolgreich sein behaglich-rustikal eingerichtetes Restaurant samt angeschlossenem Biergarten führt. Tischreservierung ist anzuraten, denn das »Gasthaus« erfreut sich großer Beliebtheit im weiten Umkreis. Die Gäste schätzen die gute Küche, z.B. ein Dorschfilet mit grünem Spargel und Kartoffeln.

Gedern
Gederfeldweg 2
58453 Witten
Tel. (0 23 02) 6 44 25
Geöffnet: 18-22 Uhr/Sonn- und Feiertag auch 12-14 Uhr
Ruhetag: Montag/Dienstag
Hauptgerichte 22,50 bis 38,– DM